AF423548

Il polimorfismo narrativo e linguistico di David Lynch
INLAND EMPIRE
di Federica Paghi

Collana "Cinema"/1

© Copyright 2022 Riccardo Condò Editore
Tutti i diritti sono riservati
ISBN 9791280882035
Stampato da Amazon Kdp, USA, su licenza di Riccardo Condò Editore
Immagine di copertina: Adobe Stock
Immagine di quarta di copertina: Dreamstime
Prima edizione
Riccardo Condò Editore, Pineto (Te).

FEDERICA PAGHI

IL POLIMORFISMO NARRATIVO E LINGUISTICO DI DAVID LYNCH

INLAND EMPIRE

2022
RiccardoCondòEditore

Sommario

Per comprendere l'intricato impero della mente che è *IN-LAND EMPIRE*, è fondamentale presentare quelli che sono i mostri e le creature che caratterizzano l'oscuro mondo di David Lynch.

I suoi film si inseriscono in quel contesto comunemente chiamato periodo postmoderno, di cui nel primo capitolo di quest'opera verranno tracciate, in maniera sommaria, le caratteristiche e le differenze che lo contraddistinguono dal pensiero e dalla logica moderna. Successivamente si passerà a un'analisi del cinema che si è sviluppato in questo periodo e dei temi maggiormente presi in considerazione, uno su tutti la crisi dello sguardo in quanto strumento di conoscenza.

È in questo panorama incerto e indefinito che *INLAND EMPIRE* (*INLAND EMPIRE – L'impero della mente*, 2006), trova un posto di rilievo assoluto, arrivando addirittura a collocarsi in una posizione che oltrepassa il pensiero postmoderno, verso un nuovo modo di pensare e di fare cinema.

Dopo questa panoramica generale, ci si dirigerà verso i mondi e i personaggi lynchiani, attraverso un breve riassunto delle opere del regista americano, al fine di delineare quell'immaginario in cui realtà e fantasia si mescolano e si sovrappongono, fino a non risultare più riconoscibili.

In questo rapido excursus prenderò in esame quelle opere come *Eraserhead - La mente che cancella* (*Eraserhead*, 1977), *The elephant man* (*id.*, 1980), *Velluto blu* (*Blue velvet*,1986), *I segreti di Twin Peaks* (*Twin Peaks*, 1990-91), *Fuoco cammina con me* (*Twin Peaks: Fire Walk with Me*, 1992), *Strade perdute* (*Lost highways*, 1996), *Mulholland drive* (2001), le cui tematiche e il cui stile possono essere d'aiuto nell'analisi del suo ultimo film.

Opere in cui il protagonista è il soggetto postmoderno, debole e frammentario, che si presenta per la sua natura schizofrenica e paranoica. Un soggetto diviso, che moltiplica le proprie identità in maniera esponenziale fino a perdersi nel mare delle possibilità, che passa da una presunta duplicità dell'essere (*Strade perdute, Mulholland drive*) fino a una incalcolabile molteplicità (*INLAND EMPIRE*).

Verranno tralasciate quelle pellicole in cui l'impato del pensiero figurale è minore, realizzate dal regista più per ragioni economiche che per volere personale e in cui le proprie peculiarità autoriali sono state assorbite da una logica di mercato che richiedeva uno stile meno "eccessivo".

A partire dai suoi primi cortometraggi vedremo come Lynch abbia sviluppato quei fantasmi e quegli incubi che hanno caratterizzato i suoi film, come la sua tecnica ed il suo stile siano diventati un vero e proprio marchio di fabbrica di cui *INLAND EMPIRE*, rappresenta, per ora, il suo capitolo conclusivo.

Il cineasta americano, nella sua produzione trentennale, ha diviso la critica, fra chi ha gridato al genio assoluto e chi lo ha attaccato come un 'bluff', cinematografico troppo intellettuale. A dispetto di tutto, ormai si moltiplicano i libri, i saggi e i blog dedicati a lui, si allarga l'orizzonte interpretativo delle sue opere, che non finiscono mai di proporre nuove e originali vie di analisi.

Grazie anche a questa ultima sua opera, Lynch può essere considerato uno degli autori più importanti del nostro tempo, un regista che negli anni ha dato forma ai suoi fantasmi e alle sue paure, un regista che nel panorama di Hollywood continua a distinguersi per l'originalità e la sperimentazione.

La filmografia di Lynch, i cui primi lavori iniziano a partire dagli anni Settanta, si colloca in quel movimento che prende il nome di "postmoderno", un termine su cui si è molto dibattuto e che, ancora oggi, continua a generare illazioni.

La parola viene utilizzata per la prima volta negli anni Trenta del Novecento da Federico De Onìs[1] per indicare un movimento di contrapposizione al modernismo letterario e da Arnold Toynbee[2] per designare l'imperialismo di fine secolo, ma è negli anni Settanta che il termine diventa un'etichetta, una categoria per esprimere il clima e l'atmosfera del mondo contemporaneo, grazie soprattutto a Lyotard, che lo inserisce nella sua opera *La condition postmoderne* (*La condizione postmoderna. Rapporto sul sapere*) del 1979.

Il concetto risulta subito ambiguo, non facilmente etichettabile e il prefisso *post-* genera molti interrogativi.

Post- suggerisce l'idea di un qualcosa che succede a qualcos'altro, cioè al moderno. Una posteriorità che però risulta paradossale, in quanto è nei confronti di un alcunché che, per sua definizione, sta avvenendo in questo momento (*modernum* in latino significa *ora, attualmente*). Già dal suo prefisso è un termine che delinea una dipendenza da un altro soggetto, da quel moderno di cui non può fare a meno per esistere e a cui è inevitabilmente legato.

---

1 Federico De Onìs, *Antologia de la poesia española e ispanoamericana*, Madrid, Centro de Estudios Históricos,1934.

2 Arnold Toynbee, "*The Breakdowns of Civilizations*" in *A Study of History*, vol. IV, Oxford University Press, 1939. (Il postmoderno viene qui definito come il periodo di transizione intercorso tra la prima e la seconda guerra mondiale, facendo leva più sulla fine della "modernità" che sull'inizio di una "postmodernità").

Il postmoderno è consapevole del proprio essere postumo e non si pone mai come un superamento del moderno, poiché questo implicherebbe una logica della temporalità lineare e del progresso, che il postmoderno rifiuta, e nemmeno si presenta come opposizione radicale al moderno poiché *non è possibile riportare le lancette dell'orologio sullo zero*[3], non è possibile rimanere indifferenti a ciò che è stato il pensiero moderno.

I postmodernisti, quindi, si pongono in una posizione di accettazione del moderno con la consapevolezza di essere, in un certo qual modo, influenzati da esso ma con l'intenzione di operare una rivisitazione nei suoi confronti.

La tendenza a credere a visioni onnicomprensive del mondo (idealismo, marxismo, etc.); la fiducia verso la novità e il superamento; la propensione a identificare ciò che è nuovo con ciò che è migliore e ciò che è trascorso con ciò che è superato; la concezione dell'uomo come dominatore della natura e la concomitante esaltazione della scienza; l'esaltazione delle categorie di unità e totalità, in modo da subordinare la massa eterogenea degli eventi e dei saperi a gerarchie forti, che si formano intorno a un unico centro, a un unico orizzonte globale di senso, sono gli ideali moderni verso cui questo pensiero si pone in una posizione di contrasto e di rilettura.

La cultura postmoderna si scaglia all'attacco di quei punti fermi che la società moderna aveva innalzato come pilastri fondanti del proprio modo di pensare, nasce come elaborazione di un lutto, si presenta come un atto di sfiducia che ha avuto la sua origine dai principali avvenimenti storici del Novecento (le guerre mondiali, gli orrori dei campi di concentramento, il conflitto nucleare, i collassi politici degli anni Ottanta, etc.) che hanno minato alla base dei miti degli ultimi secoli.

---

3 J.F. Lyotard, *Il postmoderno spiegato ai bambini*, Milano, Feltrinelli, 1987, p. 88.

Il postmoderno sorge dall'alba di uno scenario apocalittico in cui a farne le spese sono i capisaldi della modernità: l'idea di razionalità, di funzionalità, di progresso. Il suo modo di presentarsi è fortemente iconoclasta e mira a distruggere ogni concetto o forma codificata.

Un accanimento che non risparmia nessuna ideologia, nessuna forma di pensiero o di espressione. Che si tratti di sezionare la sintassi narrativa classica (come fa Burroughs con i suoi *cut-up*), di annientare i grandi saperi onnicomprensivi (i metaracconti idealisti, illuministi o marxisti a cui fa riferimento Lyotard), o di destrutturare la rappresentazione filmica, il postmoderno si fonda sul rifiuto di ogni forma di omogeneizzazione e pianificazione, facendosi portavoce della molteplicità e della differenza, del multiculturalismo e del policentrismo.

È un tipo di pensiero che si sviluppa a seguito di trasformazioni e cambiamenti a livello economico, produttivo e sociale su cui si era sviluppata la società postindustriale.

Al modello di produzione fordista, basato sulla divisione selettiva del lavoro, sulla catena di montaggio, e sulla produzione di beni di consumo durevoli, si è ormai sostituito un tipo di produzione che non realizza più merci, ma si preoccupa di creare consumatori.

Negli anni Settanta, infatti, il mercato stava attraversando una crisi e, a una domanda che ormai era inferiore all'offerta, le dinamiche produttive avevano risposto con una strategia che implicava la mobilità e la varietà delle merci, cercando di stimolare i consumatori ad acquistare i beni più disparati, non necessariamente di prima necessità.

Intorno a questo scenario, che vede un cambiamento forte della società e il sorgere di nuove sollecitazioni e stimoli, nasce la sfiducia nei macrosaperi onnicomprensivi; nasce il rifiuto dell'enfasi del nuovo e della categoria avanguardista del superamento; la rinuncia a concepire la storia come un processo universale e necessario, in grado di condurre l'uomo verso l'emancipazione e il progresso; il rifiuto a considerare la ragione con la ragione tecnico-scientifica e a concepire l'uomo come padrone incontrastato della natura; e, soprattutto, nasce l'esaltazione della molteplicità rispetto al paradigma dell'unità, con la consapevolezza che *il mondo non è uno ma molti*[4]. Consapevolezza che si traduce in una difesa della plurivocità e della differenza, accompagnata da una serie di pratiche culturali di rottura come la frammentazione e l'ibridazione, tese a far valere i diritti del molteplice, del particolare, del diverso, del difforme.

Questa valorizzazione della pluralità si evidenzia anche in una valorizzazione delle tecnologie informatiche e multimediali, elementi fondamentali di una società in cui anche le informazioni e i linguaggi non sono omologabili.

Nessuna informazione è ritenuta superiore e migliore dell'altra, ma sono tutte fondamentali nel creare una realtà che *è il risultato dell'incrociarsi (...) delle* molteplici immagini, interpretazioni, ricostruzioni che, in concorrenza fra loro o comunque senza alcuna coordinazione centrale, i media distribuiscono[5].

Una realtà che ormai ha perso il proprio valore ontologico, il proprio valore di unicità e di oggettività, lasciando posto alla simulazione.

Nel momento in cui tutte le verità che ormai sembravano assodate sembrano aver perso le loro fondamenta, il pensiero dualistico, che mette in netto contrasto essere e non essere, realtà e finzione, non sembra più adeguato a fornirci delle risposte. Ormai il rapporto copia-originale, che secondo una tipologia di pensiero dialettico creava una posizione gregaria del secondo termine rispetto al primo, si è completamente sgretolato, in favore di una logica che prevede una molteplicità delle differenze.

---

4 GIANNI VATTIMO, *La società trasparente*, Milano, Garzanti, 1989, p. 93.

5 *Ivi*, pp.14-15.

Come teorizza Gilles Deleuze in *Différence et répétition* (*Differenza e ripetizione*, 1968), la condizione per pensare questa infinita pluralità delle differenze è credere nell'univocità dell'essere, cioè cogliere la pluralità degli enti senza soggiogarli li uni agli altri, senza postulare il primato del soggetto sull'oggetto, della ragione sulla follia.

Seguendo questa logica di pensiero, il filosofo francese, inoltre, propone nuovi modi di relazionarsi con il reale, che vedono nella schizofrenia non più una malattia, ma un modo di vita che rifiuta ogni forma centralizzata del soggetto, una nuova logica di pensiero basata su una visione plurale del reale.

La differenza, la molteplicità, sono elementi ricorrenti in tutto il pensiero e la filosofia postmoderna e, a livello culturale ed estetico, si traducono con le caratteristiche dell'ibridismo, della frammentarietà, della superficialità, dell'euforia, dell'omogeneizzazione dello spazio e della presentificazione del tempo, come ha sottolineato in numerosi interventi, e soprattutto in *Postmodernism, or the logic culture of late capitalism* (*Postmoderno, o la logica culturale del tardo capitalismo*) del 1989, Fredric Jameson.

Lo studioso americano, nel suo testo, nota come a livello estetico crolli la distinzione fra cultura elitaria e cultura di massa, come non ci siano criteri di gusto dominanti, e che tutto ruoti intorno a un meccanismo in cui la produzione estetica risulta soggiogata alla produzione di merci in generale. Il fine, anche nel cinema, è quello di creare nuovi spettatori, nuovi consumatori, seguendo quella logica del mercato presente in tutti gli aspetti della società.

La produzione estetica postmoderna si caratterizza per mancanza di profondità, per una superficialità evidente sia sul piano visivo sia su quello interpretativo. Ai modelli di profondità che si basano sull'interpretazione si sostituisce la pratica dell'intertestualità, di giochi che si basano sulla citazione e sul *pastiche*.

Tutto questo è rivolto a un soggetto frammentato e privo di punti di riferimento, in piena crisi identitaria che, di fronte allo sgretolarsi di ogni certezza che lo circonda, risponde con un atteggiamento di alti e bassi emotivi, simile a un'allegria allucinatoria. Lo spazio in cui si trova è disorientante, standardizzato, privo di qualsiasi punto di riferimento e il tempo ha perso il suo significato cronologico classico.

Jameson pone la sua attenzione sul frammento, l'elemento per eccellenza dell'estetica postmoderna, che si presenta come un detrito, un residuo delle esperienze passate, da cui partire per costruire un nuovo oggetto pluridimensionale e composito. Questa ricostruzione e rinnovamento, che si fonda sulle ferite che ha lasciato il crollo di quelle sicurezze su cui si reggeva la modernità, non si presenta solo come denuncia e espressione di una crisi, ma anche come idea e speranza di un rinnovamento e di un nuovo tipo di esistenza.

Di fronte alla perdita di fiducia verso le istituzioni politiche, le leggi morali, le strutture religiose, in un clima che pone l'essere umano in una condizione di instabilità e di incertezza, il pensiero postmoderno propone un nuovo tipo di società che si caratterizza per un rifiuto di un capitalismo rigido e "industriale", per il declino delle ideologie totalitarie, per una nuova disponibilità e una maggiore tolleranza verso la diversità culturale ed etnica, per l'accresciuta disponibilità di informazioni, per le nuove possibilità di scambio culturale e comunicazione tra gli individui. In questo scenario di cambiamento e sperimentazione anche il cinema, e le teorie su di esso, presentano nuovi modi di interagire con lo spettatore e pensare l'immagine in movimento.

In un panorama dove ormai è stata raccontata ogni storia, il cinema cerca di aprire i suoi orizzonti, rompendo i legami con le strutture classiche e allargando quella che è l'esperienza della visione, decretando proprio nella visione stessa il soggetto principale dell'esperienza cinematografica.

Gianni Canova, nel suo *L'alieno e il pipistrello. La crisi della forma nel cinema contemporaneo* (2000), compie un'attenta e precisa analisi di come la produzione cinematografica abbia risposto ai cambiamenti in atto nella società e nei media. In una realtà multipla, che ha scelto la televisione come *medium* eletto nel dispensare le immagini, in un flusso continuo e ininterrotto da cui è difficile scindere realtà e finzione, il cinema risponde mettendo in scena la crisi dello sguardo, ormai inaffidabile nell'era della simulazione.

Vedere non significa più conoscere, lo sguardo non ci dà più la garanzia della certezza, della verità.

Nel cinema moderno le tecniche filmiche, dalla soggettiva al *flashback*, dalla dissolvenza incrociata al piano sequenza, assumono sempre il ruolo di accrescere la conoscenza della storia da parte dello spettatore, sono espedienti utilizzati per rendere più chiaro lo svolgersi delle azioni o i sentimenti dei protagonisti.

La soggettiva connette lo sguardo dello spettatore con quello del personaggio, consentendogli di vedere con i suoi occhi. A livello conoscitivo questo tipo di tecnica comporta un *deficit* in quanto lo spettatore sperimenta un tipo di sapere limitato e transitorio, poiché ancorato totalmente alla vista di un solo personaggio, ma a livello emotivo si ha un *surplus* dato dalla possibilità di vedere con gli occhi del personaggio.

Questo tecnica di ripresa, che, ad esempio, in una famosa scena di *Notorious. L'amante perduta* (*Notorious*, 1946) di Alfred Hitchcock ci consentiva di vedere con gli occhi annebbiati di Helena, drogata e stordita, nel cinema postmoderno assume frequentemente un diverso utilizzo.

Lo sguardo, spesso, non è ancorato a un soggetto ben definito, ma a un personaggio ignoto, di cui solo a un certo punto del film possiamo accertarne l'identità (come avviene in molti film *horror* degli anni Ottanta). A volte la soggettiva diventa espressione di un punto di vista delle cose, degli oggetti, o diviene addirittura priva di soggetto e quindi, impossibile, paradossale. Di questo tipo di soggettiva Lynch fa ampio uso rendendo oscuro il protagonista dello sguardo e agendo con dei veri e propri *shock* visivi rivolti verso lo spettatore.

Anche la dissolvenza incrociata, nel regime della simulazione, perde il suo ruolo classico, quello di connessione e di transito, temporale o spaziale.

Non ha più lo specifico e unico compito di operare un avanzamento testuale ma la sua presenza ha spesso una funzione di blocco, diventa uno stallo imposto al racconto. Non ci permette più il passaggio verso situazioni temporali o spaziali diverse ma, sempre più frequentemente, ci conduce in labirinti senza uscita, in cui le immagini, semplicemente, si sovrappongono l'una all'altra, senza necessità di un ordine consequenziale.

Anche in questo caso l'universo lynchiano sembra l'ambiente perfetto per mettere in scena la perdita del senso classico delle tecniche cinematografiche. Nei suoi soggetti dalle molteplici identità, nei suoi scenari privi di qualsiasi centro di azione, la dissolvenza incrociata funziona come strumento perfetto per intrigare e aggrovigliare le dinamiche del film.

Le immagini che si incrociano e si scambiano con le altre non ci forniscono nessuna spiegazione, ma solo nuovi e numerosi dubbi.

Questo stesso meccanismo avviene anche per il *flashback*, ossia il brusco e veloce segmento che ci mostra delle azioni passate connesse con il presente e che, nel suo ruolo classico assumeva un elemento chiarificatore, colmava dei vuoti conoscitivi.

Nel cinema contemporaneo il *flashback* appare invece come uno strumento che rende ancora più complicato lo sciogliersi dei quesiti che il testo ci propone.

Non c'è esempio migliore che rappresenti la crisi del suo ruolo di *Fuoco cammina con me*, ovvero il *flashback* sulla vita di Laura Palmer, la cui morte e i cui segreti erano stati il soggetto della serie *Twin Peaks*.

Il film, uscito con la speranza da parte degli spettatori della fortunata serie televisiva di rappresentare una chiara e accurata spiegazione dei segreti della cittadina americana e della defunta Laura Palmer, lasciò, invece, a molti l'amaro in bocca. Praticamente niente di ciò che nel *serial* era rimasto irrisolto veniva chiarito nel lungometraggio ma, anzi, i misteri sembravano moltiplicarsi, i punti oscuri diventavano incalcolabili.

In questo sgretolamento di qualsiasi certezza di verità e di conoscenza, anche il linguaggio, che nel paradigma moderno assumeva un ruolo di realtà, inizia a vacillare. Si sta parlando del piano sequenza, il movimento di macchina che la *Nouvelle Vague* innalzava a espediente massimo per rendere le immagini possibilmente più contigue alla realtà.

In uno scenario in cui ormai la simulazione si è sostituita alla realtà, il piano sequenza sembra vagare senza una meta ben precisa, tende a spaziare verso niente di realmente importante che dovremmo conoscere o sapere. Diventa un puro esercizio di stile che sancisce la dimostrazione evidente della nostra incapacità di vedere.

Il rapporto con un mondo in cui ormai la realtà ha lasciato spazio alla simulazione, l'atto conoscitivo non avviene più tramite lo sguardo, gli occhi non testimoniano più nessuna certezza. A un cinema che si preoccupava di creare delle storie con cui lo spettatore si potesse identificare in un coinvolgimento totale, si sostituisce il cinema della non visibilità, quello che confonde e lascia lo spettatore senza direttive precise, in un totale disorientamento.

Lo scopo di questo cinema non è più rappresentare delle storie, mettere sullo schermo la realtà, ma semplicemente, mettere in scena se stesso.

È un tipo di cinema che distrugge tutte quei *topoi* e regole che avevano caratterizzato i film di genere, trasformandosi in un organismo ibrido e inclassificabile, in cui tutto si mescola e si confonde.

Quentin Tarantino, i fratelli Coen, Brian De Palma, sono solo alcuni dei nomi di questo cinema, in cui la citazione e il metalinguaggio diventano elementi essenziali. Ormai il vero soggetto del cinema è il cinema stesso e, spesso, ciò che è inserito nella sintassi filmica come *input* per portare avanti una storia, in realtà, è solo un'esca o un artificio per tenere lo spettatore incollato allo schermo, illudendolo di aver ancora qualcosa da raccontare.

Il *mcguffin* della valigia, di cui non conosceremo mai il contenuto, in *Pulp fiction* (1994) e *Ronin* (1998), sono due degli esempi maggiori di questo modo di fare cinema, in cui la conoscenza ormai ha un ruolo marginale rispetto a quello che è la pura e semplice esperienza della visione.

Le opere di Lynch rappresentano questo modo di pensare l'esperienza cinematografica, proponendo tutte quelle caratteristiche tipiche del cinema postmoderno: dalla commistione di generi, alla destrutturazione delle forme filmiche fino all'elemento citazionistico, utilizzato però in maniera del tutto personale, mai totalmente esplicita (come a esempio avviene in Tarantino), ma discreta, celata, che presuppone un'attenta ricerca da parte dello spettatore. Lynch fa un passo ulteriore rispetto a quell'esperienza che definiamo comunemente postmoderna, portandosi in una posizione che si pone oltre il mero esercizio metacinematografico, stimolando lo spettatore non solo a giochi di riconoscimento filmico ma a veri e propri rompicapo interpretativi.

Un tipo di cinema che ci permette di allargare il discorso al campo della critica e dell'analisi cinematografica, che, di fronte a soggetti che sfuggono da qualsiasi interpretazione univoca, si trova a dover mutare il proprio rapporto con il testo, riconoscendo la propria incapacità di poter dare risposte esaustive e univoche. A questo proposito risulta utile il saggio *L'analisi come interpretazione. Ermeneutica e decostruzione* di Paolo Bertetto[6], in cui l'analisi del film non viene presentata più solo come segmentazione e scomposizione del testo ma come un vero e proprio atto interpretativo esplicito.

Le opere di Lynch, soprattutto nella sua ultima produzione, si prestano in maniera perfetta a questa decostruzione selettiva, seguita da un conseguente tentativo interpretativo, per la complessità di forma e di significato con cui si presentano. Citando più volte Paul Ricoeur e il suo *Dell'interpretazione. Saggio su Freud* (1965), Bertetto sottolinea come, nel lavoro di interpretazione, il senso assuma il ruolo centrale, non in quanto elemento unitario, ma in quanto ambiguo e aperto alla molteplicità delle interpretazioni.

Un senso che Lynch rende sempre impalpabile nei suoi film, rendendo, per questo, lo spettatore, ancora più bramoso nel cercarlo.

In quanto organismi pluridimensionali, che non presentano mai un centro temporale o spaziale da cui si sviluppa una storia, le opere di Lynch sono l'ideale per un lavoro interpretativo che si mostra aperto verso la sperimentazione, nel tentativo di cogliere le innumerevoli sollecitazioni proposte.

Come più volte il regista ha suggerito, il segreto per provare a scavare nei mondi oscuri e enigmatici dei suoi film è affidarsi al *dono dell'intuito*[7]. Il processo interpretativo parte quindi sempre da un atto di intuizione a cui poi si unisce un vero e proprio processo di invenzione.

Secondo Jacques Aumont, infatti, l'interpretazione *è un'invenzione* ed *è più giusta quando accetta i rischi della propria inventività* che deve comunque essere *correlata ad una pertinen-*

---

6 P. Bertetto, *Metodologie di analisi del film*, Roma-Bari, Laterza, 2006, pp. 179-222.

7 D. Lynch, *In acque profonde. Meditazione e creatività*, Milano, Mondadori, 2008, cit., p. 26.

za[8]. Affidare all'inventiva un ruolo così importante significa rendere l'interpretazione meno dipendente dal testo e proclamarla elemento autonomo, affidandogli così autorevolezza.

In quanto testo indipendente, quello interpretativo ha la libertà e il dovere di spingersi in terreni nuovi, proponendo nuove vie e nuove ipotesi. L'interpretazione fa acquisire nuovi significati al testo che prende in considerazione, lo scinde e lo destruttura per poi ricostruirlo e ricomporlo in nuove e diverse forme, portando alla luce i suoi elementi più nascosti.

Nel cercare di muoversi nell'intricato labirinto di segni che *INLAND EMPIRE* propone, si utilizzerà un metodo di analisi che si basa sulla decostruzione del testo narrativo in sezioni che ritengo di evidente importanza, in quei punti di vibrazione che rappresentano degli acuti nella narrazione.

Si tratta di un esercizio che evidenzia diverse difficoltà poiché il testo si presenta denso di elementi su cui riporre una speciale attenzione. La difficoltà è accresciuta anche dalla particolare struttura del film, che abolisce totalmente una consequenzialità spazio-temporale e causale e che rende quindi complicato il compito di stabilire quali sono, o se ci sono, dei momenti di massima vibrazione.

Ogni elemento di *INLAND EMPIRE* si pone come possibile oggetto di analisi da cui si può generare un itinerario interpretativo. Il lavoro consiste nello scegliere gli spunti e le tematiche più interessanti a livello sia cinematografico sia psicanalitico.

Una ricerca che si diramerà in più direzioni, cogliendo le molteplici suggestioni di una trama complessa e indefinita. Un'analisi che non congelerà il film in un'interpretazione stabilita, che non darà una risposta definitiva a tutti i quesiti che ci troviamo ad affrontare, ma che solleciterà nuove visioni, nuovi interrogativi, nuovi sguardi.

---

8 J. AUMONT, *A quoi pensent les films*, cit., p. 88.

L'interpretazione, come ci ricorda Bertetto, è sempre un testo in divenire che stabilisce un rapporto con un testo definito (quello del film), è un testo aperto che si misura con un testo finito, ma sempre aperto verso l'esterno[9].

In questo caso è un testo in divenire che si confronta con un altro testo in divenire, quello sfuggente e indefinito di *INLAND EMPIRE*, i cui pezzi non hanno una posizione prefissata come quelli di un *puzzle*, ma si modellano e adattano a ciò che hanno intorno.

La realizzazione di *INLAND EMPIRE* parte dalla stessa origine da cui parte quella della sua analisi, cioè l'intuizione, quella che per Lynch rappresenta la più grande facoltà umana.

---

9 P. Bertetto, *Metodologie di analisi del film*, cit., p. 221.

L'immaginario, gli incubi e le ossessioni di David Lynch affondano le proprie radici nella pittura. Il regista del Montana, infatti, prima di dedicarsi completamente al cinema frequenta l'"Accademia di belle arti" di Philadelphia.

Qui, dopo una totale e completa adesione alla tela, inizia a interessarsi all'immagine in movimento e a produrre i primi esperimenti.

Avevo un dipinto per le mani, un giardino di notte. Predominava il nero, con piante verdi che emergevano dall'oscurità. Improvvisamente iniziarono a muoversi ed udii un vento (…). Così iniziai a chiedermi se il cinema potesse essere uno strumento per far muovere i quadri[10].

I suoi primi lavori sono degli ibridi fra pittura e cinema come *Six figures getting sick (Six Times)* (1966) e *The Alphabet* (1968), dei film-*painting* di breve durata, uno e quattro minuti, che lo porteranno a realizzare, nel 1970, *The Grandmother*, mediometraggio di trentaquattro minuti, in cui iniziano a delinearsi temi e atmosfere care al regista.

Protagonista della vicenda è un bambino, che per sfuggire dalle angherie dei genitori, il cui linguaggio si limita a latrati canini, si consola partorendo una nonna da alcuni semi lasciati germogliare nella terra distesa nelle lenzuola del letto.

Sembra un vero e proprio prologo al suo primo lungometraggio, *Eraserhead,* sia per i temi affrontati, sia per le atmosfere.

Il film, la cui lavorazione era iniziata nel 1971, sarà concluso solo cinque anni dopo. Nato inizialmente come un cortometraggio, si sviluppa come la prima vera e completa opera di Lynch, per la cui realizzazione il regista spende tutte le

---

10 D. LYNCH, *In acque profonde. Meditazione e creatività*, Milano, Mondadori, 2008, cit., p. 19.

sue forze e soprattutto il suo denaro. Infatti, dopo un anno Lynch termina tutti i diecimila dollari a disposizione che gli erano stati concessi dall'Afi, ma continua a mandare avanti il suo progetto, pur a singhiozzi, grazie ai soldi racimolati da parenti e amici. Si ritrova costretto a dormire sul set, a causa dei problemi finanziari che gli fanno perdere la casa ma, finalmente, nel 1976, *Eraserhead* è pronto.

Il film possiede già tutti quegli elementi che caratterizzeranno l'universo lynchiano a livello formale e tematico anche se, ancora, il suo modo di procedere è più vicino a quello del pittore piuttosto che del regista. Lynch, infatti, sul set si occupa di tutto, dalle scenografie al trucco, dagli effetti speciali alla partitura sonora, e anche le scelte estetiche risentono ancora della scuola d'arte, come a esempio alcune sovrimpressioni o la finta testa di Henry che compare quasi alla fine del film.

Il lungometraggio, in bianco e nero, narra la vicenda di Henry, uno stralunato personaggio con i capelli eccessivamente gonfi e la camminata goffa, che si ritrova a essere padre di un bimbo prematuro, senza gambe né braccia, la cui faccia ricorda quella dell'essere antropomorfo del dipinto che Francis Bacon dipingerà nel 1988, *Second Version of Triptych 1944*.

Lynch fa uso di una narrazione classica di causa-effetto ma stravolge quello che è la sintassi filmica, sconvolgendo le dinamiche spazio-temporali e introducendo degli elementi che rendono difficile una cesura netta fra realtà e finzione.

Il regista inizia a usare tutte le potenzialità espressive che il mezzo cinematografico mette a disposizione, esaltando gli elementi sonori e musicali, che spesso sostituiscono le parole e i discorsi dei personaggi.

Infatti in *Eraserhead* i dialoghi sono minimi, pressoché nulli, come in *The grandmother*, dove il linguaggio era sostituito da guaiti o da urli.

Henry è quasi totalmente silenzioso e gli unici momenti in cui pronuncia qualche parola è a casa degli X, per rispondere alla madre della fidanzata. Racconta la sua storia attraverso l'espressione della sua faccia e attraverso i suoi movimenti, timidi e impacciati.

Lynch annulla quasi totalmente il linguaggio per dare spazio all'audio, a un uso inquietante ed emotivo degli elementi sonori. Sin dalla prima scena si presenta un sinistro rumore di sottofondo, che ci accompagnerà durante tutto il film, unito al rumore delle fabbriche della città industriale, scenario della storia, e soprattutto ai vagiti del bambino, che si fanno sempre più angosciosi.

Sono già presenti gli oggetti-corpo che animeranno tutto l'immaginario lynchiano. Sono elementi comuni, familiari, che in questo mondo enigmatico e angoscioso acquistano un valore perturbante.

Il loro utilizzo, il loro significato simbolico all'interno di questo immaginario governato da regole proprie, altre da quelle della realtà, li rende ricchi di mistero e di paura.

I lunghi vermicelli, che si presentano più volte lungo il film e il semino che Henry trova nella cassetta delle lettere, che poi si animerà all'interno del tabernacolo, sembrano richiamare alla dinamica della procreazione, al mistero, ma anche all'orrore della nascita. Anche gli strani polli che prenderanno vita durante la cena a casa degli X e che scateneranno una crisi epilettica alla madre della fidanzata di Henry, richiamano le dinamica del parto, una vera e propria ossessione per il protagonista.

Nel film compare uno degli scenari che il regista inserirà in quasi tutti i suoi film: il teatro. In *Eraserhead* sulla scena teatrale farà alcune apparizioni la donna del radiatore, un'inquietante fanciulla che si presenta con delle gote deformate e che Henry vede nelle sue fughe psicogene, all'interno del termosifone.

Il teatro assume il valore di messa in scena degli incubi, delle fobie, dei pensieri, dei sogni del protagonista, ci mostra i moti del suo inconscio. Lo spazio teatrale nell'universo lynchiano assumerà, anche nei film successivi, un valore inquietante e misterioso, delineandosi come luogo in cui i personaggi sembrano dover fare i conti con il proprio Es (*Twin Peaks, Velluto blu, Mulholland drive*).

Il film presenta anche un movimento di macchina che diventerà tipico di Lynch, una sorta di "soggettiva impossibile", con *travelling* in avanti che si impadroniscono totalmente dello spazio, che frequentemente introducono il personaggio in uno spazio non conosciuto o ambiguo.

In *Eraserhead* questo movimento è utilizzato a partire dal prologo, quando il personaggio di Henry entra in scena. Il suo volto che guarda fuoricampo è introdotto da un veloce movimento di macchina in avanti, che dal buio passa, attraverso un foro, a una luce abbagliante.

Questo *travelling* sarà usato successivamente quando Henry si trova a casa degli X. La macchina da presa, dopo aver indugiato sul volto di Henry, che ha un fazzoletto sul naso per interrompere l'emorragia, si allontana velocemente verso la finestra, mostrandoci nella scena dopo la fidanzata che nutre il bambino, che riusciamo a vedere per la prima volta.

Alla sua vista proviamo un senso di terrore e di angoscia che ricalca quelli che, probabilmente, sono i sentimenti di Henry di fronte a una paternità che non riesce ad accettare. Il suo sforzo nel provare amore e tenerezza nei confronti di una creatura deforme, sono gli sforzi che fa lo spettatore nel cercare di superare l'orrore iniziale, costringersi a provare almeno un po' di affetto per una creatura innocente.

Agli occhi di Henry il bambino diventa simbolo di un atto, quello della procreazione, che egli non ha saputo controllare e di fronte a cui si trova spiazzato, fino al punto di negare di essere il padre, di avere avuto rapporti con Mary.

Il sesso, come in tutta la successiva cinematografia di Lynch, diventa un'ossessione, un atto da cui si generano i più spaventosi mostri (*Eraserhead, The elephant man*), da cui prendono vita le fantasie più oscure (*Velluto blu*) e che rappresenta il principale movente per omicidi, repressioni e gelosie (*Twin Peaks, Strade perdute, Mullholland Drive, INLAND EMPIRE*).

Anche se in *Eraserhead* l'atto sessuale è sempre celato, a esclusione di un incontro onirico che Henry ha con la tanto agognata vicina, diversi elementi e situazioni celano la dinamica e le conseguenze dell'atto sessuale.

Oltre al seme, i vermicelli e i polli, anche l'albero, che Henry tiene sul comodino vicino al letto, rappresenta un simbolo di vita su cui il protagonista sente di avere un controllo, un potere sulla sua nascita e sulla sua crescita, a differenza del sentimento che prova di fronte alla nascita e alla crescita di un figlio, di fronte a cui si sente impotente e inetto.

Ma è un oggetto, un elemento il vero protagonista delle ossessioni quotidiane e familiari di Henry, e soprattutto di Lynch: il letto.

La prima notte che Henry e Mary passano insieme, nello stesso letto, Henry tenta di avvicinarsi, in cerca di intimità ma Mary non si lascia nemmeno sfiorare, rifiutando qualsiasi carezza, respingendo colui che ritiene colpevole di tanto dolore, di tanto terrore, di averla resa madre di un figlio deforme.

Quando Mary decide di andarsene di casa, il suo tentativo di prendere la valigia sotto al letto si mostra stranamente complicato e il movimento e il rumore del letto rimandano all'atto sessuale, ma soprattutto alle sue conseguenze, causa di angoscia nella donna.

Il letto è ancora protagonista dell'inquietante scenario di cui Henry è spettatore nella scena in cui immagina o sogna di avere Mary accanto a sé.

La ragazza ansima e suda, Henry alza le lenzuola e scopre con orrore dei vermi simili a spermatozoi che (il protagonista) non esiterà a tirare con violenza sul muro per ucciderli.

Il letto è quindi scenario di atti generativi ma anche mostruosi (come lo era già stato in *The grandmother*), scenario di vita, ma anche di morte, di nascita e putrefazione (*Strade perdute, Mullholland Drive*), di amore ma soprattutto di orrore.

Un orrore che Henry non riesce ad accettare e di cui si libera uccidendo il bambino, ma al tempo stesso uccidendo se stesso, colpevole di aver generato tanto male.

Eraserhead non sarà l'unico film in cui David Lynch mostrerà la sua "passione" per il mostruoso, il macabro, il diverso.

Nella sua filmografia troviamo molti personaggi che possiamo indicare sotto la categoria di *freak*: nani che parlano al contrario, inquietanti uomini neri che nascondono una misteriosa scatola blu, uomini (e donne) senza gli arti e con le facce deformate, tutti interpreti degli onirici scenari lynchiani.

Uno di loro è protagonista assoluto del film che Lynch dirigerà nel 1980: *The elephant man*.

Lynch arriva alla regia di questo film, che lo proietterà nel grande cinema, grazie all'interessamento del produttore Stuart Cornfeld, con il quale stava progettando un film mai realizzato, *Ronnie Racket*.

Dopo aver incassato il rifiuto di tutti gli *studios* al progetto, i due riescono a ottenere il *budget* necessario alla realizzazione del film grazie a Mel Brooks, che aveva da poco dato vita a una propria casa di produzione, la *Brooks Film*. Il comico accetta il progetto dando fiducia a Lynch, che finalmente riesce a ottenere un *budget* adeguato per iniziare il suo film e per coinvolgere attori del calibro di Anthony Hopkins, John Hart, Anne Bancroft.

Il lungometraggio, che si basa sui libri *The elephant man and other reminiscences* di Frederick Treves (1923) e *The elephant man: a study in human dignity* di Ashley Montagu (1973), narra la vera storia di John Merrick, un uomo con gravi deformazioni in volto vissuto nella Londra vittoriana.

Il film, girato in un elegante bianco e nero, ebbe un buon successo di pubblico e critica, ottenendo ben otto candidature all'Oscar, senza riuscire, tuttavia, a vincere nessuna statuetta.

Non si tratta sicuramente del film più visionario o enigmatico di Lynch, ma sotto l'apparenza di film biografico e storico possiamo sicuramente ritrovare alcuni dei *topoi* che caratterizzano tutta la produzione lynchiana, a partire dallo scenario, cupo, scuro e nebbioso, che ricorda il paesaggio industriale di *Eraserhead*.

La storia si apre con un'immagine che possiamo definire onirica: dal primo piano degli occhi di una donna il campo si allarga fino a mostrarci il suo volto intero. A questo punto, dal nero più assoluto, sentiamo un rumore, un avvicinarsi di passi gravi, a cui segue la visione di alcuni elefanti, che, in *ralenti*, avanzano. Gli elefanti attaccano la donna che cade a terra urlando.

L'attrazione per il grido e le trasformazioni che scalfiscono il volto umano avvicinano Lynch alle opere di Bacon, in cui le bocche sono spesso aperte o spalancate mostrando lo spasmo, il contrarsi dei muscoli. Il grido diviene espressione di forze intangibili, di sensazioni incomunicabili, di paura e di orrore, che unisce l'umano al disumano.

La plasticità dei volti, il loro trasfigurarsi, la loro metamorfosi in momenti di terrore, panico, dolore e angoscia permette a Lynch di mostrare l'uomo in tutte le sue alterazioni, che mostrano il suo stato più ferino e orribile.

Infatti il regista si sofferma su facce inquiete, contratte da un sentimento di ansia e angoscia, in cui le urla e il pianto ci mostrano le loro sensazioni più oscure. Le urla di Frank Booth in *Velluto blu*, che lo fanno sembrare un cane; il volto trasfigurato di Sandy in un momento di pianto e dolore; il grido incontrollato e il movimento convulso della testa di Fred nel finale di *Strade perdute*; le urla piene di terrore della madre di Laura Palmer alla vista di Bob, sono solo alcuni degli esempi che ci rendono evidente la passione di Lynch per lo spasmo colto nel volto umano, per quell'espressione facciale che riesce a esprimere un sentimento in maniera molto più diretta rispetto alle parole.

C'è un altro elemento presente all'inizio di *The elephant man* molto caro a Lynch: la nuvola di fumo.

Dopo la scena della donna attaccata dagli elefanti, dal buio appare un denso fumo a cui si unisce, fuoricampo, un pianto di un bambino. Il fumo diventa presagio di qualcosa di misterioso, di inquieto, ci suggerisce che la nascita del bambino, massimo momento di gioia e felicità, porterà invece molto dolore.

Lynch accresce la curiosità e la morbosità dello spettatore nel voler vedere ciò che è nato, chi è e come è l'uomo elefante. Ce lo mostra inizialmente solo con gli occhi degli altri: di John, il "proprietario" di Marrick, degli spettatori terrorizzati e del dottor Treves, che rimane atterrito e addolorato nel vedere l'uomo elefante. Joseph Marrick compare solo dopo trenta minuti e i nostri sentimenti alla sua vista, come quelli dei personaggi del film, saranno un misto di dolore, terrore, repulsione e curiosità.

Sarà proprio su questo gusto per il diverso, su questa curiosità malata verso il raccapricciante il nodo centrale del film, che, più che esibirci la mostruosità di John, ci mostra quella della società, non escludendo nessuno.

La *Victorian age* diventa lo scenario perfetto di un falso perbenismo, dell'ipocrisia che si nasconde sotto l'apparenza di eleganza e di buone maniere. Lynch non salva nessuno e lo spettatore non riesce a identificarsi con nessuno dei personaggi, neanche con il dottor Treves, la cui figura rimane in bilico, fra un reale sentimento di affetto verso John e la sua storia, e la curiosità scientifica verso il suo caso. Ogni individuo che si trova di fronte all'uomo elefante sembra animato dal piacere nel guardare l'inguardabile, dalla curiosità alla vista del diverso e del deforme, dalla rassicurazione di non esser come lui, di essere normale.

Il voyeurismo, il piacere misto alla paura del guardare, caratterizzeranno tutto il cinema di Lynch. Un voyeurismo che ricorda l'atto stesso della visione cinematografica di fronte a cui lo spettatore è rapito, ipnotizzato, e anche in presenza di immagini raccapriccianti o inquietanti non riesce a fare a meno di guardare, di contemplare. Un piacere che si unisce al terrore, all'angoscia della scoperta che quei mostri in realtà siamo noi, incapaci di rapportarci con l'altro, vittime di pregiudizi e tabù.

Come lo sono anche gli educati borghesi e gli aristocratici, che non appaiono certo migliori di coloro che usano John come pura attrazione da circo, poiché mascherano i loro sensi di colpa in un disgustoso pietismo verso ciò che considerano inferiore e che si traduce in una gara di solidarietà, immagine di ipocrisia e falsità.

Una critica che coinvolge quindi l'intera società, la sua apparenza, i suoi luoghi comuni e che accompagnerà anche i film successivi, dove dietro l'apparente splendore e perfezione si celerà sempre qualcosa di torbido e agghiacciante.

Questa lato inquietante e nascosto della provincia americana e delle persone "normali" sarà il *leit motiv* di *Velluto blu*, film che Lynch girerà nel 1986.

In qualsiasi luogo del mondo potresti notare un non so che di bizzarro in come gira il mondo di questi tempi o vedere le cose da una prospettiva particolare[11].

Lynch inizia a scavare e ad analizzare il complesso universo dell'uomo, i suoi contrasti, i suoi disturbi, i suoi conflitti, verso la ricerca, mai raggiunta, di un'unità identitaria.

Velluto blu rappresenta anche il primo film con cui Lynch si confronta con il cinema classico, con certi stereotipi visivi e narrativi del cinema di genere, con cui si diverte più che altro a giocare.

Il sistema dei generi con i suoi *cliché* è usato per lo più come arredamento, come ricordo, con il fine, da un lato, di rendere omaggio alla gloriosa Hollywood e a certi suoi indimenticabili film, ma dall'altro, di prendersi proprio gio-

---

11 D. Lynch, *In acque profonde. Meditazione e creatività*, Milano, Mondadori, 2008, cit., p.104.

co di quella macchina dei sogni, distruggendo l'idea comune di "storia", caratterizzata da un chiaro ordine narrativo e spazio-temporale.

Velluto blu si presenta chiaramente come un *noir*, o un *neo noir*, sia nelle ambientazioni (luoghi bui, colori cupi, ambientazioni scarne), sia nella narrazione (una donna fatale, un poliziotto corrotto, un enigma da risolvere, un gangster, il *mcguffin* dell'orecchio staccato), ma con il passare dei minuti ci accorgiamo che questi non sono altro che espedienti e che il film, in realtà, ci conduce a ben altri misteri che quello dell'orecchio tagliato e del sequestro di un uomo.

Avvertiamo qualcosa di poco chiaro, di perturbante fin dalla prima sequenza, in cui ci vengono mostrati in primo piano degli stupendi fiori, il cui colore sembra oltremodo luminoso, iperreale, e, successivamente, un pompiere che saluta dal furgone rosso che si muove in *ralenti*. Questo spaccato della provincia americana ci viene presentato come qualcosa di troppo bello per essere vero, in cui i colori, i movimenti, sono talmente perfetti da risultare irreali, insinuando nella mente dello spettatore che dietro tanto splendore si nasconde spesso qualcosa di oscuro.

Anche l'elegante drappo di velluto blu con cui si aprono i titoli di testa ci vuole indicare che stiamo assistendo a una rappresentazione i cui contorni sono poco chiari, si muovono e ondeggiano proprio come quelli del tessuto, tema questo su cui Lynch ritornerà più volte nel suo cinema.

Dietro alla scena si cela un dietro le quinte che non ci è possibile vedere, dietro l'apparenza di perfezione si nascondono dei misteriosi e inquietanti segreti.

Jeffrey è il protagonista perfetto di questa ambiguità: si presenta vestito bene, cortese ed educato, un vero gentiluomo. Questa è l'immagine che ci facciamo di lui e questa è l'immagine che egli stesso ha di sé, ma la scoperta dell'orecchio non gli svelerà tanto i segreti che ci sono nella vita della cantante Dorothy, ma i propri lati oscuri.

La sequenza principale del film, che ci mostra la prima apparizione di Frank Booth in casa di Dorothy mentre Jeffrey è nascosto nell'armadio, ci illumina sul vero soggetto del film che, come ha ben analizzato Ofelia Cutanea[12], si rivela essere la dinamica e l'estetica masochista.

Il giovane, al momento in cui sente Dorothy rientrare in casa, si nasconde dentro l'armadio, e inizia a spiarla attraverso uno spiraglio mentre la cantante accende la luce e si spoglia.

Quando Dorothy lo scopre, Jeffrey appare impaurito, soprattutto dal fatto che la donna lo sta minacciando con un coltello e gli sta intimando di spogliarsi.

Qui, in realtà, inizia il vero e proprio gioco di seduzione masochista che vede Jeffrey passare dalla paura al piacere verso quella che è la padrona masochizzante, che dopo aver reso il proprio uomo schiavo fa lui una promessa di godimento. Dorothy infatti prima minaccia di morte Jeffrey poggiandogli il coltello sulla guancia ma subito dopo inizia a baciarlo sul ventre. La sequenza continua con l'ingresso in scena di Booth e il conseguente nuovo rifugio di Jeffrey dentro l'armadio, da cui continuerà a guardare la scena, che si presenta terribile e inquietante. Frank violenta Dorothy, picchiandola ripetutamente. Di fronte a questa violenza, la donna non sembra spaventata ma il suo volto sembra rilassato, quasi estasiato.

Jeffrey, che spia dall'armadio, è probabilmente angosciato dalla vista della scena, nell'apprendere come colei che si era rivelata il suo soggetto masochizzante si è ora trasformato in soggetto masochista.

Questa trasformazione sarà resa più chiara nella sequenza successiva, quando Jeffrey, dopo che Frank ha lasciato la casa, va a sincerarsi della salute di Dorothy, la quale, dopo averlo liquidato frettolosamente, lo prega di colpirla e di farle male.

Ormai è avvenuta un'oscillazione di ruoli che ha portato Dorothy a diventare il soggetto masochizzante, rovinan-

---

12 Analisi sviluppata nella sezione del libro dedicata al film a cura di P. BERTETTO, *David Lynch*, Venezia, Marsilio, 2008, pp. 50-69.

do quella che era la fantasia di Jeffrey. Il ragazzo lascia la casa e in una scena successiva, in cui si trova a parlare di quanto ha visto con la dolce Sandy, dice delle frasi apparentemente normali, ma che nascondono la consapevolezza della scoperta che Jeffrey ha fatto su se stesso, sul suo rapporto di relazionarsi al sesso con una dinamica che si discosta da quella "normalità" a cui credeva di appartenere: «Perché c'è gente come Frank, perché tante brutte cose in questo mondo?»[13].

Jeffrey si sente partecipe di quel mondo, di quello strano mondo ed è terrorizzato da questo. Non è quel bravo ragazzo che dice Sandy, non fa parte di quel mondo ideale in cui risplende la luce dell'amore e in cui volano i pettirossi.

Frank dirà al ragazzo *"Sei come me"*, rivelandogli e rivelandoci come proprio Frank rappresenti quella parte oscura che Jeffrey cela sotto la maschera borghese di normalità.

Un'apparente normalità contraddistingue le piccole cittadine americane in cui Lynch colloca le sue storie, come Lumberton o come Twin Peaks, luogo in cui ambienterà la più misteriosa serie televisiva della storia.

Non so proprio perché la ABC avesse acconsentito alla realizzazione di una puntata pilota de *I segreti di Twin Peaks*. Questo semplice fatto però non significava che l'avrebbero trasformata in una serie tv. Così non andò oltre. Anche allora il network non sapeva proprio che farsene. Tutte le puntate pilota vengono inviate in uno studio, credo a Philadelphia. Lì sono sottoposte alla valutazione di un gruppo di persone. In un modo o nell'altro *I segreti di Twin Peaks* ottenne un punteggio discreto, ma non clamoroso. Non so che cosa sia successo nel lasso di tempo intercorso fra la valutazione e il momento della messa in onda, ma la prima tv ebbe un successo di ascolti strabiliante. Fu una vera fortuna[14].

La serie andò in onda per la prima volta nel 1990 e in breve tempo diventò un vero e proprio fenomeno di costume, amplificato anche dalla frase tormentone "Chi ha ucciso Laura Palmer?".

---

13 È quello che si chiede uno stordito Jeffrey dopo aver passato una terrificante notte nelle mani di Frank.

14 D. LYNCH, *In acque profonde. Meditazione e creatività*, Milano, Mondadori, 2008, cit., p. 92.

Si presentava come un giallo sulla ricerca dei segreti della liceale, la cui scoperta doveva portare alla risposta su chi fosse stato il suo omicida.

In realtà, l'assassinio si rivela solo il punto di partenza per introdurre altri racconti, altri personaggi, per operare un decentramento rispetto al quesito iniziale e soffermarsi, ogni settimana, ad analizzare meglio le storie personali e i segreti dei curiosi personaggi di *Twin Peaks*.

La storia a episodi consente a Lynch di avvalersi di una forma narrativa aperta in cui confluisce un'eterogeneità di storie che si connettono tra di loro, dando luogo al moltiplicarsi degli interrogativi e delle ipotesi e relegando in secondo piano proprio il perno da cui era partita la narrazione, cioè l'omicidio.

Twin Peaks si presenta come una vera e propria innovazione nel panorama delle serie televisive, anche per il modo con cui si rapporta con lo spettatore, il cui ruolo diventa attivo e cooperativo nei confronti di una narrazione che prevede un'attenzione e un'analisi particolare.

La serie, fin dall'indimenticabile sigla iniziale, composta da Angelo Badalamenti, ci introduce subito in un'atmosfera inquieta e presenta molti elementi dell'immaginario lynchiano, a partire dal legno e dai pettirossi. Il legno, come era stato anche nella cittadina di Lumbton in *Velluto blu*, assume anche qui un ruolo importante, e verrà riproposto più volte, sia attraverso la falegnameria, che è uno degli scenari fondamentali della serie, sia attraverso il personaggio della Signora Ceppo.

Per quanto riguarda i pettirossi, in *Velluto blu* Sandy ne parlava come la rappresentazione dell'amore, come coloro che avrebbero irradiato il mondo di luce e, proprio nella scena finale, questi graziosi volatili vanno a simboleggiare una realtà ideale, quella, appunto, tanto desiderata dalla ragazza.

Anche in *Twin Peaks* il pettirosso, che compare nella sigla, sembra aprire le porte verso una piccola cittadina in cui la tranquillità e la pace dovrebbero dominare, ma in cui, in realtà, si annidano i più spaventosi misteri. Lo stesso titolo, *Twin Peaks*, ci introduce in un universo in cui la verità potrebbe non essere così chiara, così semplice, ma in cui la duplicità caratterizzerà ogni situazione e ogni abitante.

Il doppio sarà uno dei temi principali del telefilm, in cui diversi personaggi conducono una doppia vita (Laura Palmer, Josie Packard); o hanno una doppia personalità (Albert, Dennis Bryson, Windom Earle); o hanno una doppia identità (l'uomo con un braccio solo/lo spirito Mike; Leland/Bob, la madre di Norma/il critico gastronomico Empty Wence, Catherine Martell/il signor Tojamura, il gigante/il vecchio cameriere alto…); o sono personaggi gemelli, a partire proprio da Laura Palmer che si sdoppia nella cugina Madeline Ferguson (con chiaro riferimento alla Madeline della *Donna che visse due volte* (*Vertigo*) di Hitchcock (1958), o Dale Cooper e Gordon Cole, Annie e Caroline, il nano e Leland. Queste costanti presenze di raddoppiamenti e scissioni di personalità accrescono quello che è il senso di perturbante su cui si fonda e si regge la serie. Sono figure di quell'*unheimliche* freudiano, che si generano da ricordi rimossi e che riaffiorano angosciosamente, rappresentano *quella sorta di spaventoso che risale a quanto c'è noto da lungo tempo, a ciò che ci è familiare*[15].

Il doppio racchiude questa angoscia, poiché presentandosi a noi come una figura apparentemente ordinaria, in realtà ci rivela una parte di sé a noi oscura. Questa realtà altra ci inquieta proprio per il fatto di non venire da un mondo altro, ma da un mondo conosciuto che improvvisamente si svela per ciò che veramente è mostrandoci quei lati segreti che erano rimasti celati ma che, improvvisamente, irrompono con forza e violenza. Una violenza e un'angoscia che caratterizzano le visioni che la madre di Laura ha di Bob, spirito che rappresenta il Male, e un'inquietudine che caratterizza ogni vi-

---

15 S. Freud, *Opere*, vol. 12, Torino, Boringhieri, 1989, vol. IX, cit., p. 82.

sione o sogno di Cooper, alle prese col nano ballerino e altri strani personaggi.

Twin Peaks si presenta come una vera e propria summa dello stile e delle ossessioni lynchiane, rappresenta un nodo centrale nei suoi lavori successivi, sia per quanto riguarda le atmosfere, sia per quanto riguarda le tematiche, che riprenderà proprio nel *prequel* cinematografico della fortunata serie, ovvero *Fuoco cammina con me.*

Il film, uscito nel 1992, mostra gli ultimi giorni di Laura Palmer, che si racconta in prima persona, dopo che per tutta la serie, la sua immagine era stata esclusivamente costruita dalle testimonianze degli altri personaggi.

Lynch aveva molto a cuore la realizzazione del film, voleva dedicarsi completamente a questo progetto, dopo che non aveva potuto dirigere personalmente tutti gli episodi di *Twin Peaks* a causa di impegni lavorativi.

Fuoco cammina con me fu presentato in concorso al festival di Cannes ricevendo un'accoglienza piuttosto negativa, sia da parte dei critici, che lo ritennero uno dei peggiori lavori di Lynch, sia da parte del pubblico, che non trovò nel film le risposte ai quesiti che *Twin Peaks* aveva lasciato in sospeso.

Ciò che però lo rende importante non è tanto il suo successo al botteghino o il favore incontrato dai critici ma il fatto di rappresentare un punto fondamentale nella filmografia lynchiana per la scelta di certe strutture narrative ed estetiche.

La presenza del figurale, dell'eterogeneità dei mondi, del moltiplicarsi del potenziale, che erano già largamente presenti in *Twin Peaks,* approdano ora alla sala cinematografica.

Inizia anche un'indagine e un'analisi dei dispositivi audiovisivi su cui Lynch ritornerà in tutti i suoi film successivi, a partire da *Strade Perdute.* Un'analisi che coinvolgerà in primo luogo il cinema e le sue dinamiche ma che si occuperà anche del mezzo televisivo.

Fuoco cammina con me si apre proprio con uno schermo televisivo, che diventa visibile allo spettatore grazie a un movimento all'indietro della macchina da presa, che retrocedendo, rende le macchie chiare e scure che riempivano lo schermo più definite, fino a rivelarci che ci troviamo di fronte a un televisore non sintonizzato (immagine che Lynch riutilizzerà anche in *Strade perdute* e *INLAND EMPIRE*).

I tempi di riconoscimento del mezzo che abbiamo di fronte si dilatano, i *pixel* lampeggianti non ci permettono di focalizzare l'oggetto, che una volta riconosciuto viene distrutto provocando un'esplosione di luce abbagliante.

L'uso delle fonti di luce, che si presentano accecanti o a intermittenza, comparirà spesso nel film, creando delle atmosfere enigmatiche che lasciano presagire l'esistenza di universi paralleli.

A questo si unisce anche la presenza di suoni, spesso amplificati o distorti che mirano ad accrescere un senso di angoscia. A partire dalle urla di Teresa Banks all'inizio del film, a quelle di Laura ogni volta che vede il volto di Bob, fino agli strani rumori emessi dal nano e a quelli del clacson, i suoni, acuti e insistenti, hanno il compito di riempire l'ambiente, unendo, a esempio, più immagini, o sostituendo, a volte, l'immagine stessa, per nascondere e allo stesso tempo rivelare qualcosa di troppo terrorizzante che le immagini non possono mostrare.

La ricerca dei suoni si porterà sempre più avanti nei lavori di Lynch, dando vita a veri e propri esperimenti in cui dei semplici rumori, inseriti in contesti apparentemente "normali", creano delle sensazioni di ansia e mistero, come in *Rabbits* (2002), o come la mostra pittorica di *The air is on fire,* in cui alle immagini su tela sono uniti dei suoni d'ambiente.

Inoltre, non può essere dimenticato lo stile ironico che, all'interno di narrazioni oscure, è sempre presente nei film di Lynch. L'ironia e lo scherzo, l'uso di frasi fatte o di *cliché* tipici di un certo cinema uniti a una vera e propria presa in giro di se stesso, del suo cinema, ma anche del suo pubblico, accompagnano tutti i suoi lavori.

I personaggi insoliti e stralunati che popolano il suo universo filmico non hanno solo un ruolo onirico o perturbante, ma a volte hanno il compito di introdurre il volto ironico e beffardo del film, per prendersi gioco di tutto il meccanismo cinematografico e dell'ossessionato spettatore lynchiano.

In *Fuoco cammina con me* è Lynch stesso a indossare i panni di uno di questi nel personaggio di Gordon Cole, un singolare agente dell'Fbi con problemi di udito. Gordon, utilizzando un linguaggio fortemente enigmatico, fornisce delle indicazioni sull'omicidio di Teresa Banks agli agenti Desmond e Stanley, aiutato anche da una strana danzatrice vestita di rosso di nome Lil.

La donna inscena una performance mimica facendo delle espressioni e dei gesti che dovrebbero risultare utili ai due agenti nel proseguimento delle indagini.

Desmond, infatti, in automobile con Stanley verso *Twin Peaks*, spiegherà il senso di quelle espressioni e movimenti: la faccia contrariata di Lil significa probabili problemi con le autorità locali; la mano in tasca significa che queste autorità nasconderanno qualche dettaglio del crimine; camminamento sul posto significa che saranno richiesti diversi spostamenti; vestito rammendato significa che c'è di mezzo una questione di droga, etc.

Tutto sembra chiaro ma c'è un dettaglio che rimane oscuro, cioè la rosa blu, il cui significato non è facilmente intuibile.

Lungo tutta questa sequenza Lynch sembra prendere proprio in giro lo spettatore e anche parte di quella critica che cerca di decodificare ogni elemento simbolico dei suoi film. Un evidente scherno verso coloro che credono di aver trovato i mezzi giusti per interpretare i suoi film e che si sono affacciati a questa analisi in maniera fredda, schematica e non con quell'intuizione che rappresenta per Lynch la più grande delle facoltà umane.

Dopo un brevissimo istante in cui, con un certo stupore, crediamo che Lynch voglia finalmente renderci chiaro e leggibile ogni elemento del suo immaginario, ci abbandoniamo all'idea che il regista non ci renderà mai la vita così facile, affermando sempre di più che il suo è un mondo figurale e siamo noi a doverci calare in quest'ottica abbandonando il nostro pesante bagaglio di razionalità.

Allo spettatore lynchiano, da qui in poi, sarà sempre più richiesto di aderire a questo universo, in cui il moltiplicarsi di mondi paralleli diventa una consuetudine e in cui ogni elemento assume valore simbolico.

La ricerca di sperimentazione diventa infatti sempre più radicale fino a condurre Lynch alla realizzazione di film come *Strade Perdute* e *Mulholland Drive*.

Per questi due film dobbiamo fare un discorso un po' più approfondito rispetto alla filmografia precedente poiché rappresentano un vero e proprio spartiacque nella sua produzione cinematografica.

Possiamo ritenere che questi film rappresentino due tasselli di una trilogia dell'inconscio che ha il suo prologo in *Eraserhead* e la sua conclusione in *INLAND EMPIRE*.

Sono due opere che utilizzano in modo inedito la struttura narrativa, le dinamiche discorsive, allargando le possibilità significative e creando uno stile autoriale che diventerà il marchio di fabbrica di Lynch.

Dopo una serie di sperimentazioni televisive, tra cui *Hotel room* (1993)[16], David Lynch dirige, nel 1997, *Strade perdute*.

Il film si presenta come un noir moderno con una trama sicuramente molto intricata e di difficile comprensione, la cui struttura narrativa è stata più volte associata a quella del nastro di Möbius, una figura geometrica con un solo lato e un solo bordo, in cui è impossibile stabilire un lato superiore o inferiore, esterno o interno. Come nella logica di questa figura ge-

---

16 Si tratta di un film diviso in tre episodi che hanno tutti come scenario, in periodi di tempo diversi, la medesima stanza d'albergo, la n. 603. Lynch ha diretto il secondo e terzo episodio, *Tricks* e *Blackout*, ambientati rispettivamente nel 1969 e nel 1936.

ometrica, gli eventi che si susseguono sembrano incrociarsi e incontrarsi in un medesimo punto, dove non riusciamo a distinguere la differenza fra ciò che sta dentro e ciò che sta fuori.

Il film si presenta diviso in due parti. Nella prima assistiamo alla storia di Fred Madison e Renée mentre nell'altra di Pete Raymond Dayton e Alice Wakefield.

Le due storie possono essere divise come due blocchi narrativi, ma ciò che rende la struttura enigmatica è la sostituzione e la trasformazione di un personaggio con un altro, e un finale che ricalca l'*incipit* del film.

Il primo blocco ci presenta la storia di Fred, sassofonista jazz, incerto sulla fedeltà coniugale della propria donna, Renée. Dopo aver ricevuto un messaggio tramite il citofono di casa che dice "*Dick Laurent è morto*", Fred e la moglie iniziano a ricevere degli inquietanti video che mostrano delle riprese della loro casa. Il terzo e ultimo video farà sobbalzare Fred. Infatti le immagini mostrano l'uomo insanguinato dopo aver ucciso la moglie, il cui corpo si trova dilaniato vicino al letto. Dopo queste immagini vediamo Fred in carcere accusato di uxoricidio e condannato a morte ma, inspiegabilmente, al momento in cui i poliziotti vanno ad aprire la cella, con loro stupore, non si trovano di fronte Fred ma il giovane Pete.

Da qui inizia il secondo blocco narrativo che vedrà Pete innamorato di Alice, la stessa Patricia Arquette che aveva interpretato Renée, ma che ora è bionda e sposata con Mr. Eddy, alias Dick Laurent, quell'uomo che avevamo sentito nominare all'inizio.

Mr. Eddy è un boss che gestisce dei loschi affari legati alla pornografia e, venuto a conoscenza della relazione fedifraga della moglie con Pete (fra l'altro suo meccanico di fiducia), inizia a minacciare il ragazzo.

Così Pete e Alice decidono di fuggire, non prima però di aver progettato un colpo. Organizzano un piano per rapinare Andy, anch'egli nel giro pornografico e vecchia conoscenza di Alice, ma il furto si conclude con l'omicidio dell'uomo.

I due si danno alla fuga e si ritrovano nel deserto. Qui Pete, in un intenso momento di amore con Alice la supplica di rimanere con lui. La ragazza però le risponde con un feroce *"Non mi avrai mai"*, e, a questo punto, assistiamo alla trasformazione di Pete in Fred e alla sua fuga da Mistery man.

Il finale si concluderà con una corsa sfrenata di Fred dalla polizia e con un suo messaggio rilasciato a un citofono *"Dick Laurent è morto"*.

Questa frase è uno degli elementi fondamentali su cui possiamo basarci per analizzare il film. Compare per ben due volte, la prima all'inizio del film, la seconda, come abbiamo visto, proprio alla fine.

Se all'inizio ci eravamo interrogati su chi fosse stato a pronunciarla, solo alla fine, apprendiamo, con un certo stupore, che colui che l'aveva ascoltata era colui che l'aveva pronunciata. In questo senso ci aiuta quella struttura del nastro di Möbius, in cui, appunto, il dentro e fuori diventano inscindibili come il campo e il fuoricampo, l'essere protagonista o spettatore della storia.

Una dinamica che era apparsa anche nella scena del party, durante una conversazione tra Fred e Mistery man, in cui lo strano uomo intima a Fred di telefonare a casa sua. Fred rimane turbato dalla scoperta che Mistery man si trova davanti a lui ma contemporaneamente anche nella sua abitazione.

Questo sarà un procedimento che Lynch adotterà anche in *Mulholland Drive* e *INLAND EMPIRE,* in cui spesso il protagonista vede o comunica con se stesso, essendo al tempo stesso paradossalmente soggetto e oggetto della visione.

Sarà così per Betty in *Mullholland Drive,* nel momento in cui, alla ricerca della memoria di Rita, si reca con lei nell'appartamento 17 e scopre con orrore una donna morta, quella Diane Selwin, che poi si rivelerà essere lei stessa; o come per Susan Blue che, in *INLAND EMPIRE,* all'interno dello stage 4, vede se stessa nella figura di Nikki Grace.

I personaggi si moltiplicano su se stessi, le loro identità si raddoppiano, secondo una prospettiva per cui il personaggio diventa una possibilità di identificazione per altri personaggi, anziché per lo spettatore. Si riproducono sfuggendo dal classico modello del doppio speculare, ma abbracciando un'idea di molteplice che si sviluppa all'infinito.

I mondi su cui si affacciano questi personaggi sono mondi di compresenza, paralleli, verosimili, sono universi del potenziale, in cui le varianti coesistono.

Non c'è più la dialettica fra essere e non essere, fra presenza e assenza, nell'universo del potenziale tutto si interseca e si confonde e il reale lascia spazio al possibile.

La rappresentazione diventa in alcuni momenti più reale della realtà stessa, vi si sostituisce, distruggendo ogni confine e ogni barriera.

Lynch introduce così un'analisi sulla visione e sulla riproduzione, che abbraccerà i *media* e in particolar modo il cinema.

In *Strade perdute* c'è una frase importante che pronuncia Fred di fronte ai commissari di polizia che stanno indagando sulla provenienza dei misteriosi filmati che gli sono stati recapitati.

Al: *Avete una videocamera?*
Renee: *No. Fred le detesta*
Fred: *Mi piace ricordare le cose a modo mio.*
Al: *Si spieghi meglio.*
Fred: *Che il modo in cui le ricordo non è necessariamente quello in cui sono accadute.*

Sarà proprio la visione di uno dei filmini ripresi con una telecamera che svelerà a Fred il suo mostruoso omicidio, a cui non riesce a credere, di cui non si ricorda, affermando, una volta portato in cella, di non essere stato lui l'autore di un gesto così terribile, per poi cambiare subito tono e implorare: *"Ditemi che non sono stato io"*.

Il soggetto non è più portatore di alcuna certezza, le immagini hanno sostituito questa sua facoltà.

Come dice Jean Baudrillard, in una realtà che ormai è iper-realistica, in cui ognuno può vedere la rappresentazione istantanea della propria vita, immediatamente contaminata dal suo simulacro, tutto si confonde e la riproduzione diventa più vera del reale[17].

Fred fugge da Mistery Man che nella parte finale del film lo riprende con la telecamera, non vuole essere registrato. Registrare significa catturare, delimitare un evento, privarlo delle molteplici mutazioni del possibile.

Fred, alla fine, tenterà di scappare dalla polizia ma, soprattutto da se stesso. La sua è una fuga psicogena che lo porta a una continua metamorfosi di identità come suggerisce il vorticoso movimento della testa, in cui il suo volto sembra dilaniarsi e moltiplicarsi ricordando una delle tante opere di uno dei pittori a cui Lynch è stato spesso accostato, cioè Francis Bacon.

Fred, come lo saranno anche Diane in *Mulholland Drive* e Nikki in *INLAND EMPIRE* è vittima di una coazione a ripetere, nella tendenza a reiterare un atteggiamento, una situazione, a scavare nel proprio inconscio alla scoperta di un trauma tenuto nascosto per troppo tempo.

La frase di Alice nel finale, quel *"Non mi avrai mai!"* che rimbomba dolorosamente nelle orecchie di Pete, sottolinea l'impossibilità di appropriarsi di quell'oggetto tanto desiderato, tanto seguito, sancisce il mancato raggiungimento di un appagamento dopo una ricerca continua e incessante verso l'appropriazione dell'altro, ma soprattutto dell'Io.

La ricerca di sé, in un'unione che tenta di amalgamare una realtà schizofrenica, sarà uno dei problemi a cui si trovano di fronte i personaggi lynchiani, soggetti bisognosi di

---

17 J. BAUDRILLARD, *L'échange symbolique et la mort*, Gallimard, Paris, 1976; trad. it. di G. MANCUSO, *Lo scambio simbolico e la morte*, Feltrinelli, Milano, 1979.

sedute analitiche e che proprio secondo questo punto di vista sono stati spesso studiati, seguendo le teorie e gli studi dei più grandi filosofi dell'ultimo secolo, da Lacan a Deleuze, da Baudrillard a Derrida.

Proprio a partire da *Strade perdute*, l'attenzione verso il regista è aumentata, rendendolo uno degli autori contemporanei su cui si è dibattuto maggiormente, le cui opere hanno offerto spunti interessanti che hanno coinvolto non solo l'analisi cinematografica ma anche semiotica, filosofica e psicologica.

Uno dei più famosi e illustri psicanalisti contemporanei, lo sloveno Slavoj Žižek, nelle sue ricerche relative al campo del cinema, ha dedicato un saggio a *Strade Perdute* dal nome *L'Arte del ridicolo sublime*[18]. In questo scritto Žižek entra nei meandri della complicata trama del film per dimostrare come venga messa in scena la pratica psicanalitica, lo studio di un sintomo sentito come prodotto di una voce altrui e che solo alla fine riusciamo a pronunciare con le nostre parole.

Žižek opera diversamente dall'approccio interpretativo ordinario, superficiale e riduttivo, che vede nella divisione in due parti del film la realtà, da un lato, e una sua versione immaginaria, dall'altro (lettura che accompagnerà anche *Mulholland Drive*), optando per un'analisi che vuole mostrare come lo spettatore rimanga sconvolto per la mancanza di una gerarchia che separi la realtà dalla finzione, disposte nel film orizzontalmente. L'opera viene interpretata non tanto come espressione di una realtà multipla ma come rivelazione fantasmatica della realtà multipla e incoerente.

Più che la realtà a essere multipla, nei film di Lynch è il potenziale a presentarsi sfaccettato e molteplice, più che l'essere sono le possibilità dell'essere a duplicarsi.

---

18 S. Žižek *The art of ridiculous sublime: On David Lynch's Lost highway*, Washington, University of Washington Press, 2000; trad. it. in *David Lynch – L'arte del sublime ridicolo* inserito nel libro *Dello sguardo e altri oggetti. Saggi su cinema e psicanalisi*, Udine, Campanotto, 2004.

Sarà così anche in *Mulholland Drive*, film che Lynch realizza nel 2001, scatenando grande curiosità, seguita da una serie di letture e interpretazioni senza fine, sia da parte del pubblico, sia da parte della critica.

Dopo la parentesi televisiva di *Twin Peaks*, che aveva portato alla collaborazione fra Lynch e la ABC e che si era interrotta dopo un brusco calo di ascolti, il regista vuole riprovare a cimentarsi con una serie a puntate, dal titolo *Mulholland Drive*. Il progetto sembra delinearsi in maniera solida tanto da portare, nell'agosto 1998, i dirigenti dell'*ABC* a finanziare la realizzazione di un *pilot* con sette milioni di dollari. Lynch inizia a girare nel 1999 e, dopo aver concluso l'episodio pilota, lo mostra alla distribuzione, che però ne rimane piuttosto insoddisfatta e perplessa, chiedendo a Lynch una serie di modifiche fra cui una riduzione della durata e alcuni cambi di sceneggiatura.

Dapprima la *ABC* decide di posticipare la programmazione in un altro periodo, poi pensa di farne un film per la televisione incassando il secco rifiuto del regista.

In soccorso di Lynch si presenta la francese Canal Plus che concede alla *ABC* i sette milioni di dollari e ne stanzia altri due per proseguire le riprese di quello che sarebbe diventato un film e non più una serie televisiva, vincitore, fra l'altro, della *Palma d'oro* come miglior regia.

Non c'è modo di tenere il conto delle innumerevoli interpretazioni che sono state date al film e le ipotesi che sono state attribuite a quella serie infinita di simboli che presenta.

Lynch, poi, si è ulteriormente divertito nell'osservare quella ricerca spasmodica nel raggiungere la verità da parte di fan e specialisti nel settore, suggerendo anche i dieci probabili indizi su cui riflettere:

Prestate particolare attenzione all'inizio del film: almeno due indizi sono rivelati prima dei crediti.
Fate attenzione alle apparizioni della lampada rossa.

Riuscite a sentire il titolo del film per cui Adam Kesher sta cercando l'attrice principale? È menzionato di nuovo?
Un incidente è un avvenimento terribile… notate il luogo dell'incidente. Chi dà una chiave? E perché?
Notate il vestito, il posacenere e la tazza.
Cosa si sente e accade al club Silencio?
Solo il talento ha aiutato Camilla?
Notate le circostanze in cui si vede l'uomo dietro il Winkie's.
Dov'è la zia Ruth?

Gli indizi più che fornire delle spiegazioni o aiutarci a sciogliere certi nodi narrativi sembrano più che altro rendere tutto ancora più enigmatico.

D'altronde Lynch si è sempre rifiutato di spiegare il significato delle sue opere e anche alla domanda su cosa rappresentasse la scatola blu presente in *Mulholland Drive* ha più volte risposto di non averne assolutamente idea.

Penso sia una questione di vitale importanza proteggere il mondo del film evitando di svelare certi dettagli che potrebbero comprometterne l'esperienza. L'opera d'arte deve bastare a se stessa (…).
Qualcuno potrebbe sostenere di non capire la musica; però la maggior parte di persone la sperimenta a livello emotivo e sarebbe d'accordo nel ritenerla un concetto astratto. Non si ha bisogno subito di tradurla in parole: si ascolta e basta. Il cinema assomiglia tantissimo alla musica. Anche quando è molto astratto, a tutti i costi le persone vogliono comprenderlo in modo razionale, traducendolo subito a parole. Non riuscirci è frustante. Possono però riuscire a trovare una spiegazione dentro di sé, basta lasciare che ciò venga naturalmente[19].

Il film, come il precedente *Strade perdute* può essere diviso in due sezioni. La prima mostra l'ascesa della giovane attrice Betty Elms, che arrivata a Hollywood, ospite nella casa della zia Ruth, scopre la presenza nell'abitazione di un'altra donna.

Quest'ultima, vittima di un incidente che le ha causato la perdita della memoria, dice di chiamarsi Rita. Betty cerca di aiutarla a ricostruire i tasselli mancanti, per risalire alla sua vera identità e alla provenienza di una consistente somma di denaro ritrovata nella borsetta di Rita.

---

19 D. LYNCH, *Catching the big fish. Meditation, consciousness and creativity*, New York, Tarcher/Penguin, 2006; trad. it. di Michela Pistidda, *In acque profonde. Meditazione e creatività*, Milano, Mondadori, 2008, cit., pp. 25-26.

Questa ricerca le porterà a casa di Diane Selwin, nome che riaffiora nella mente di Rita, facendole credere di aver trovato la sua vera identità. Nell'abitazione, le due donne si trovano di fronte a un cadavere, che giace sul letto da giorni. Sconvolte da questa scoperta, tornano a casa e qui, dopo aver fatto l'amore, Rita inizia a ripetere il nome di un club, "Silencio", in maniera quasi ipnotica.

Si recano al club e assistono a un enigmatico spettacolo in *playback* di una donna che, a un certo punto, cade a terra svenuta. Lo *show* le lascia senza parole, impaurite e turbate, e, misteriosamente, Rita, guardando nella borsetta, trova una scatola blu.

Nuovamente a casa, Rita apre la scatola e Betty ormai è scomparsa, come volatilizzata.

Da questo momento possiamo dire che inizia la seconda parte del film. Con un veloce *travelling* in avanti, dal buio compare Betty nella sua abitazione, ma ormai il suo nome è Diane Selwin.

Diane ha il volto palesemente distrutto e scopriamo che la sua amante, Rita, che ora è diventata Camilla Rhodes, l'ha lasciata e a breve si sposerà con uno dei registi più in voga del momento, Adam Kasher, che nella prima parte era un regista messo alle corde dalla mafia, che voleva prendere il controllo del suo film, e in crisi matrimoniale, era stato cacciato di casa dall'amante della moglie. Ci viene mostrato con diversi *flashback* la storia sentimentale e lavorativa di Diane, che dopo insuccessi professionali e dopo la delusione amorosa, commissiona l'omicidio di Rita.

L'ultima scena ci mostra Diane che, dilaniata dai sensi di colpa, si spara e cade sul letto, scomparendo in una nuvola di fumo.

Malavasi, nel suo libro dedicato al film[20], sottolinea come *Mulholland drive* sollevi prima di tutto il problema di quale

---

20 L. MALAVASI, *Mulholland Drive*, Torino, Lindau, 2008, pp. 87-91.

sia l'atteggiamento con cui avvicinarsi all'opera, come il testo cinematografico debba essere fruito. Lo spettatore deve assumere un ruolo attivo e cooperativo, ha il compito di porsi di fronte al film con un atteggiamento analitico, tipico di chiunque si appresti ad assistere alla visione di uno dei complicati universi lynchiani.

Prima di cercare di svelare i misteri e le incognite che *Mulholland drive* ci propone, ci si deve interrogare sul modo in cui il film costruisce questi misteri, sulle strategie che gli permettono di sfuggire da qualsiasi univocità interpretativa. Il film, infatti, ci invita a riflettere sull'inadeguatezza dell'analisi e sui suoi strumenti, rendendosi terreno scivoloso per una raccolta dati esaustiva e chiara, mostrandoci come l'unico modo per intraprendere un viaggio verso il suo mondo (o i suoi mondi) sia nel segno della pluralità e della molteplicità.

Anche Bertetto, nel suo saggio sull'opera[21], sottolinea il ruolo fondamentale dello spettatore, che, come l'analista, ha il compito di formulare delle ipotesi di lettura. Bertetto propone di definire quali sono i passaggi di maggiore importanza, i punti di oscurità del testo, anche detti "punti di vibrazione", che rappresentano i momenti più enigmatici da cui poter iniziare a proporre delle analisi o degli argomenti di studio.

Uno di questi corrisponde alla scena della famosa scatola blu, che troviamo circa a metà film. Di ritorno dal club "Silencio", Betty posa la scatola blu sul letto, e poi scompare come se si fosse volatilizzata. A questo punto Rita prende dall'armadio la borsetta contenente i soldi (ritrovati dopo l'incidente e di cui non si conosce la provenienza) ed estrae la chiave blu, riuscendo ad aprire la scatola.

Inizia un *travelling* della macchina da presa all'interno di essa. Ricompare, per la seconda volta dall'inizio del film, zia Ruth che si affaccia dalla porta per controllare che tutto sia in

---

21 P. BERTETTO, *L'analisi interpretativa. "Mulholland Drive" e "Une femme marine"*, inserito all'interno di P. BERTETTO, (ed.), *Metodologie di analisi del film*, Roma-Bari, Laterza, 2006.

ordine. Abbiamo quindi un'altra immagine della camera da letto e poi un nuovo *travelling* nel buio più completo fino alla scoperta di una nuova luce e di una donna distesa a letto. Il cowboy bussa alla porta e le dice: *"Hey bella ragazza, è l'ora di svegliarsi"*. La macchina da presa si avvicina al letto e mostra il corpo della donna in decomposizione, lo stesso corpo che Rita e Betty avevano visto nell'appartamento 17. Nero e ancora il cowboy, la macchina da presa si avvicina al letto e la donna inizia a muoversi, è Betty ma la sua faccia sembra diversa. Riprendendo una frase di Fred in *Strade Perdute* nel momento in cui racconta il proprio sogno a Renée (*Sembravi tu ma non eri tu*), si può dire che sembra Betty ma non è Betty.

Infatti ora ci troviamo di fronte a Diane Selwin.

Questa scena si presenta come una delle più importanti per organizzare un tentativo di analisi del film e ci indirizza verso un'ipotesi che sembra distinguere le due (presunte) parti del film come l'unione fra un sogno di Diane, consolatorio e appagante, e la realtà, invasa dagli incubi di delusione e sensi di colpa.

Ci sono però altre due ipotesi di letture dell'opera.

La prima vede un punto di vibrazione nella scena che si svolge alla tavola calda "Winkie's", in cui Dan racconta a quello che sembra uno psicanalista due sogni. Uno di questi è terrificante e Dan è spaventato anche solo a parlarne: un uomo orribile, nascosto dietro un muro, proprio vicino a Winkie's, esce improvvisamente allo scoperto e terrorizza Dan a tal punto da ucciderlo. Al momento di affrontare il suo incubo, l'uomo, visibilmente in preda all'ansia, si avvicina al muro. Da qui compare lo spaventoso uomo nero e alla sua vista Dan muore.

Dan sembra rievocare la figura di Diane, anche grazie all'assonanza dei due nomi e la sua vicenda sembra essere una prefigurazione di quella di Diane.

I due sogni di Dan possono essere una proiezione di quelli di Diane, che attraversano tutto il film. Un sogno bello, fatto di gioia e successi, lavorativi e sentimentali, e un sogno spaventoso, fatto di dolore e paura, dopo il quale la ragazza muore. Due sogni che rivelano una condizione esistenziale di frustrazione e che si concludono con il suicidio della protagonista.

A questa Bertetto aggiunge un'altra ipotesi, cioè quella che i due sogni, che mostrano due condizioni esistenziali completamente contrastanti, siano in realtà due prodotti di un delirio psicotico della protagonista. Quindi il primo sogno rappresenterebbe una ricerca idealistica e appagante del proprio essere, mentre il secondo un incubo ossessivo di catastrofe e insuccesso da cui la protagonista non riesce a liberarsi.

Ma le possibilità di interpretazione si moltiplicano e si espandono rendendo plausibile anche un'idea di due mondi alternativi in cui si sviluppano due diverse storie, due diverse versioni della vita di Diane. Le possibilità sono molte, nessuna sembra avere supremazia sulle altre e collocare il film sul piano della potenzialità, del dipanarsi di soluzioni e mondi diversi sembra risultare la scelta più valida e la meno pretenziosa.

Questa ipotesi ci risulterà utile anche per analizzare *INLAND EMPIRE*, in cui le storie in potenza aumentano così come i protagonisti in campo.

Mulholland Drive si presenta come il trampolino finale, a cui succederà il conseguente salto di *INLAND EMPIRE*, di una poetica che, a partire da *Velluto blu* si è concentrata sulla natura pluridimensionale dell'uomo e della sua identità, sulla realtà e sulla sua riproduzione e rappresentazione. Il viaggio di Lynch verso la mancanza totale di confini fra l'onirico e il reale, fra il vero e il possibile, si è configurato attraverso una lenta distruzione dei principi di verosimiglianza, attraverso una ristrutturazione del reale nei territori del possibile.

Il suo cinema diventa espressione della società post-moderna in cui l'identità è fragile e frammentaria, in cui la ricerca di un'unità diventa un'impresa quasi impossibile. Così anche nei suoi film viene meno il delinearsi di un'unità narrativa spazio-temporale e i personaggi si riflettono sempre in qualcun altro. Il nome, elemento convenzionale per eccellenza che costruisce la sicurezza identitaria, è sempre qualcosa di sfuggente, spesso è dimenticato, celato, scambiato fra i personaggi, è sostituibile e non caratterizza nessuna certezza di identità.

Neanche la soggettiva si presenta più come uno sguardo di conoscenza poiché spesso si rivela come falsa, condotta da un soggetto inesistente o che mostra un oggetto solo immaginato. Il linguaggio non ci propone nessun elemento che riesce a chiarirci la storia e i quesiti celati in essa ma, in accordo con la struttura del film, è frammentato, enigmatico.

Le frasi si presentano come massime oscure, la cui interpretazione è resa ulteriormente difficile per l'uso di una lingua straniera, come assistiamo al Club "Silencio".

Il presentatore introduce lo spettacolo a cui si appresteranno ad assistere Rita e Betty, con alcune frasi *"There is no band... Il n'y a pas d'orchestra... No hay banda"*. Come sottolinea Malavasi, si tratta della stessa frase, ma al tempo stesso di tre frasi diverse, perché ogni traduzione è sempre una trasformazione, è una ripetizione uguale ma differente[22].

Questa scena è una delle più importanti del film perché espone prima di tutto un'analisi sul linguaggio, sul rapporto tra significato e significante, sulla natura convenzionale della lingua ed inoltre propone una riflessione metacinematografica.

Il presentatore, infatti, ripete più volte che ciò a cui stanno assistendo gli spettatori *"è solo un'illusione"*, è tutto registrato, facendo un chiaro riferimento a quello che è il meccanismo cinematografico, una pura e semplice riproduzione. Lynch in ogni suo film, in particolar modo i *Mulholland Drive* e *INLAND EMPIRE*, ci suggerisce più volte il fatto che ci troviamo di fronte a una rappresentazione.

Il primo elemento è dato proprio dall'ambientazione della storia nella patria del cinema, e quindi della messa in scena, cioè Hollywood, quel luogo magico *dove i sogni fabbricano le stelle e le stelle fabbricano i sogni.*

---

22 L. MALAVASI, *Mulholland Drive*, Torino, Lindau, 2008, p. 173.

Inoltre, è significativa la scelta dei protagonisti, personaggi che si muovono intorno all'industria cinematografica: produttori, registi, ma soprattutto attori, che meglio di ogni altro incarnano quella crisi postmoderna di scissione e moltiplicazione identitaria.

I suoi ultimi tre film sono quindi un'analisi e uno studio sui moti dell'inconscio, ma sono soprattutto un'analisi sul cinema, sulle sue strutture narrative e sulle sue dinamiche operative.

Questo viaggio che parte da una strada percorsa a grande velocità (*Strade perdute*), per poi passare da una via famosa dal nome altisonante (*Mulholland drive*), ci porterà fino a un luogo, situato non lontano da Hollywood e da Mulholland Drive, cioè Inland Empire, la regione che circonda Los Angeles.

Qui, il cammino diventerà ancora più tortuoso e ricco di insidie, pieno di strade alternative e senza sfondo, ci condurrà verso un labirinto in cui ci sarà difficile scoprire le chiavi di accesso e di uscita, un labirinto della mente in cui il massimo che possiamo fare è tenere salde le nostre coordinate.

INLAND EMPIRE – L'impero della mente
Titolo originale: *INLAND EMPIRE*
Titolo italiano: *INLAND EMPIRE* – L'impero della mente
Paese: USA/Polonia/Francia
Lingua: Inglese/Polacco
Anno: 2006
Soggetto e sceneggiatura: David Lynch
Fotografia (colore, 35mm): Odd-Geir Sather
Montaggio: David Lynch
Scenografia: Christina Ann Wilson, Wojciech Wolniak
Costumi: Karen Baird, Heidi Bivens, Paulina Polom
Musica: *Ghost of love, Rabbits theme, Woods variation, Call from the past, Mansion theme, Walkin' on the sky* di David Lynch; *Polish night music n. 1* di David Lynch e Marek Zebrowski; *Polish poem* di David Lynch e Chrysta Bell; *Colors of my life* di Mantovani; *Three to get ready* di Dave Brubeck; *Klavier konzert* di Boguslaw Schaeffer; *The secrets of the life tree* di Kroke; *The locomotion* di Little Eva; *Als Jakob Erwachte* di Krzysztof Penderecki; *Novelette conclusion* di Witold Lutoslawki; *Black tambourine* di Beck; *Sinnerman* di Nina Simone.
Effetti speciali: Ken Rudell
Casting: Johanna Ray
Interpreti: Karolina Gruszka (*Lost girl*); Jan Hencz (*Janek*); Krzysztof Majchrzak (*Il fantasma*); Grace Zabriskie (*La vicina di casa*); Laura Dern (*Nikki Grace/ Susan Blue*); Ian Abercrombie (*Henry, il maggiordomo*); Karen Baird (*cameriera*); Bellina Logan (*Linda*); Amanda Foreman (*Tracy*); Peter J. Lucas (*Piotrek Król*); Jeremy Irons (*Kingsley Stewart*); Justin Theroux (*Devon Berk/ Billy Side*); Harry Dean Stanton (*Freddie Howard*); Cameron Daddo (*Manager di Davon*); Jerry Stahl (*Agente di Davon*); John Churchill (*Chuck Ross*); Phil

DeSanti (*Tim Hurst*); Chamonix Bosch (*Sally Irwin*); Sara Glaser (*Ellen Thomas*); Neil Dickson (*Produttore*); Edward St. George (*Hair stylist*); Diane Ladd (*Marylin Levens*); Melissa Lowndes (*Assistente di Marylin Levens*); Marsha Lewis (*Hair stylist di Marylin Levens*); Jeremy Alter (*Manager*); William H. Macy (*Annunciatore*); Austin Jack Lynch (*Autista di Devon*); Jason Weinberg (*Manager di Nikki*); Heidi Bivens (*Assistente al guardaroba di Devon*); Randy Johnson (*Addetto n. 1 alla sicurezza degli studios*); Duncan K. Fraser (*Addetto n. 2 alla sicurezza degli studios*); Stanislaw Kazimierz Cybulski (*Mr. Zydowicz*); Henryka Cybulski (*Mrs. Zydowicz*); Julia Ormond (*Doris Side*); Robert Charles Hunter (*Detective Hutchinson*); Ewa Jerzykowski (*Capo cameriera*); Scott Andrei Ressler (*Operatore di camera*); Emily Stofle (*Lanni*); Jordan Ladd (*Terri*); Kristen Kerr (*Lori*); Terryn Westbrook (*Chelsi*); Jamie Eifert (*Sandi*); Kat Turner (*Dori*); Micelle Renea (*Kari*); Adam Zdunek (*Uomo sulla strada*); Erik Crary (*Mr. K*); Wendy Rhodes (*Salli*); Mikhaila Aaseng (*Tammi*); Stanley Kamel (*Koz Kakawski*); Marek Zydowicz (*Gordy*); Michal Korolko (*Uomo del circo n. 1*); Kazimierz Suwala (*Uomo del circo n. 2*); Alfredo Ponce (*Uomo del circo n. 3*); Bryson Lang (*Uomo del circo n. 4*); Janusz Hetman (*Uomo del circo n. 5*); Michal Stopowski (*Uomo del circo n.6*); Dominiya Grudzka (*donna n. 1*); Pawel Kubisiak (*uomo n. 1*); Dominka Biernat (*donna n. 1, voce*); Marcin Brzozowski (*uomo n. 1, voce*); Scout Alter (*fratello di Billy*); Alexi Yulish (*Dottore*); Lou Buchignani (*Maggiordomo di Billy*); Marek Szmigiel (*Autista di Janek*); Mary Steenburgen (*Visitatore n. 2*); Leon Niemczyc (*Marek Józef Zbiróg*); Darek Marian Stanislawski (*Franciszek*); Charlene Harding (*Roxi*); Suzete Belouin (*Mandi*); Lisa Dengler-Eaton (*Ballerina di club*); Gail Greaves (*Barista*); Carolina Cerisola (*Ragazza del club*); Leah Morelli (Carolina); Helena Chase (*Homeless n. 1*); Nae (*Homeless n. 2*); Terry Crews (*Homeless n. 3*); Kris Kane (*Assistente di guardaroba di Nikki*); Micelle Clark (*Make-Up Artist*); Brandon Reinhardt (*figlio*

di Smithy); Masuimi Max (*Niko*); Penny Hintz (*Insegnante*);
Keith Kjarval (*Lumberjack*); Monique Cash (*Capo ballerina*);
Latrina Bolger (*Ballerina n. 1*); Fulani Bahati (*Ballerina n. 2*);
Ashley Calloway (*Ballerina n. 3*); Erynn Dickerson (*Ballerina n. 4*); Jonovie Leonard (*Ballerina n. 5*); Jennifer Locke (*Ballerina n. 6*); Nastassja Kinski (*Se stessa*); Laura Helena Harring (*Se stessa/voce di Jane Rabbit*); Scott Coffey (*voce di Jack Rabbit*); Naomi Watts (*voce di Suzie Rabbit*)
Produzione: Mary Sweeny, Phil DeSanti, David Kern, Josh Mann per la INLAND EMPIRE productions, Studio Canal, Camerimage, Tumult Foundation.
Produzione esecutiva: David Lynch, Mary Sweeney, Jeremy Alter, Laura Dern, Marek Żydowicz
Distribuzione italiana: BiM
Durata: 172'

INLAND EMPIRE nasce da molto lontano; lontano dagli Stati Uniti, lontano dalla California, lontano dalla scintillante Hollywood.

L'idea del film più enigmatico di Lynch ha origine in Europa, più precisamente in Polonia, nella città che ha stregato il regista, cioè Lodz.

È qui che Lynch, nel 2000, prendendo parte al Festival Camerimage (International Film Festival of the Art of Cinematography) come ospite d'onore, scopre i lati nascosti della città e la bellezza delle donne polacche.

Infatti, durante il suo soggiorno a Lodz, compie una serie di scatti della città durante il giorno, lasciando la notte libera per i suoi set fotografici con alcune modelle. Alla fine scatterà seicento fotografie, che poi saranno raccolte nell'album *Lodz: donne e fabbriche* (*Nudes and Factories*, 2000).

Di queste ne sceglie trenta, tutte in bianco e nero, che, nel 2003, espone per la prima volta presso la galleria d'arte "Atlas Szutuki".

Ciò che fa innamorare Lynch di Lodz è il suo aspetto da relitto industriale, il suo scenario contraddistinto da fabbriche decadenti e misteriose.

Mi piacciono le periferie, le fabbriche, perciò anche Lodz, per la sua specifica atmosfera. Lodz mi aveva ispirato dal primo momento: questa città è come un sogno[23].

Come in un sogno, tutto appare in penombra, difficilmente visibile, nascosto dalla nebbia e dal fumo. Il buio anche qui è un elemento fondamentale come in tutte le storie lynchia-

---

23 Intervista a David Lynch riportata da Agnieszka Zakrzewicz nell'articolo *Lodz onirica*, nel sito internet Baz Granic.

ne, in cui i personaggi sono immersi nelle tenebre, costretti quasi a non vedere la luce e a interrogarsi sull'origine dei loro fantasmi.

Il nero è profondo, paradossalmente aiuta la nostra mente a determinarsi, a riconoscere l'oggetto della paura o dell'amore, a scivolare nel sonno[24].

In queste fotografie non viene esaltato il visibile, gli aspetti conosciuti di Lodz, ma ciò che si nasconde dietro la sua apparenza, dietro l'evidenza.

La città sembra come sparire e ciò che rimane sono i fumi delle ciminiere, l'umidità dei muri, le travi che si rispecchiano nelle pozzanghere, i portoni in degrado. Quello che viene congelato dalla macchina fotografica sono i frammenti di una città o, nel caso delle donne, i frammenti di un corpo. Ciò a cui viene dato rilievo non è il corpo femminile nella sua totalità, nella sua bellezza, ma il corpo in quanto scomposto. Sono il seno, il piede, il bacino, il ginocchio, la schiena, la pancia, le mani, che diventano protagonisti, emergendo dalla penombra.

Allo spettatore è richiesto il difficile compito di riconoscere i luoghi o le parti del corpo che gli vengono mostrate. Un esercizio reso ancora più difficile dalla mancanza di didascalie e di titoli, dall'assenza i qualsiasi indizio che aiuti l'osservatore.

A questo esperimento fotografico, seguono altre esperienze in terra polacca per Lynch, completamente affascinato e stimolato dalle atmosfere della città.

Questa luce d'inverno, le nuvole, l'architettura e la gente hanno creato una particolare atmosfera, della quale mi sono innamorato in un attimo. E ancora queste vecchie fabbriche! Un incredibile relitto della rivoluzione industriale! Oggi, nel mondo non ci sono quasi più posti come questo. Lodz ha l'anima. Per questo mi piace[25].

---

24 *Ibidem.*

25 *Ibidem.*

Lodz diventa la città europea su cui trasferire gli incubi e le ossessioni di cui, fino a ora, gli Stati Uniti, in particolare la California, erano stati gli scenari preferiti del regista americano.

Nel 2003 Lynch inizierà le prime riprese di *The green room in Lodz*, un cortometraggio che vede la partecipazione degli attori polacchi Krzysztof Majchrzak, Leon Niemczyk e Karolina Gruszka.

Il progetto non andrà in porto ma, dall'idea da cui era nato il cortometraggio, si svilupperà il decimo lungometraggio di Lynch, ovvero *INLAND EMPIRE*.

Lodz sembra l'ambiente ideale per mettere in scena l'enigmatico universo del film, si presenta come la parte nascosta e oscura della luminosa Hollywood. Due città così diverse ma in cui Lynch vede un elemento comune, qualcosa che le unisce indissolubilmente. Un legame che il regista percepisce, sente, avverte.

Sarà proprio a partire da queste sensazioni, da questi messaggi cifrati, non calcolati, che colpiscono il regista, che INLAND *EMPIRE* nascerà e si svilupperà.

All'inizio non c'era nessun INLAND EMPIRE, nulla. Incontrai casualmente Laura Dern per strada venendo così a scoprire che era la mia nuova vicina di casa. Non la vedevo da tantissimo tempo, disse: "David, dobbiamo rimetterci a lavorare insieme." Le risposi: "Certamente, magari potrei scrivere qualcosa per te. Potremmo fare un esperimento da diffondere sul web." Lei acconsentì: "Perfetto".
Scrissi così quattordici pagine di monologo e Laura le imparò tutte a memoria, per una ripresa di circa settanta minuti. La sua interpretazione fu semplicemente fenomenale. Non potevo distribuire quel materiale sul web perché era troppo ben fatto, e mi faceva diventare pazzo, perché aveva qualcosa che lasciava presagire altri segreti[26].

Le idee iniziano così ad affiorare nella mente del regista. Sono improvvise, inattese, fulminee. Ogni tassello, ogni intuizione sembra amalgamarsi pian piano, sembra delinearsi ver-

---

26 D. LYNCH, *In acque profonde. Meditazione e creatività*, Milano, Mondadori, 2008, cit., pp. 151-152.

so un'unità multiforme ma coesa. Anche quelle componenti che sembrano lontane e senza un'evidente contiguità reciproca iniziano a generare dei punti di collegamento.

È interessante capire come questi elementi privi di alcun rapporto tra loro vadano di amore e d'accordo. Il cervello si mette in funzione. Come fanno ad essere in relazione elementi così distanti? Il ragionamento fa apparire come per magia il terzo elemento che rende quasi coerenti i primi due. È una bella fatica capire come possa funzionare la coerenza nella diversità.
L'oceano è la coerenza, l'unità, e in esso galleggiano gli elementi. (…) Non ci potrebbe essere neanche un frammento che non sia in relazione con il tutto[27].

Le cose apparentemente più distanti, i luoghi apparentemente troppo diversi tra loro in realtà si presentano densi di analogie.

Così, da una storia che era partita dalla vecchia Europa, dalla fumosa e misteriosa città di Lodz, Lynch si ritrova in California, nella sua amata Los Angeles, per caso.

Un giorno, ancora ai primissimi stadi della lavorazione, parlando con Laura Dern venni a sapere che il suo attuale marito, Ben Harper, proviene dall'Inland Empire, la regione che circonda Los Angeles. Non so quando saltò fuori, ma dissi: "Ecco il titolo del film". A quell'epoca non ne sapevo ancora nulla, del film. Volevo però intitolarlo INLAND EMPIRE.
I miei genitori hanno una casetta di legno in Montana. Un giorno, facendovi le pulizie, mio fratello trovò un album di ritagli dietro una cassettiera. Me lo spedì, perché era il mio piccolo album di ritagli risalente a quando avevo cinque anni e vivevo a Spokane, nello stato di Washington. Lo aprii: la prima fotografia che avevo incollato era una veduta dall'alto di Spokane. Sotto c'era scritto Inland Empire. Immaginai quindi di essere sulla strada giusta[28].

La lavorazione del film proseguirà su questa strada, senza una sceneggiatura definita, senza una storia delineata. Lynch prosegue passo dopo passo, scrive scena dopo scena, il suo copione cresce e prende forma ora dopo ora, giorno dopo giorno. Si muove in libertà, raggiungendo, nel tempo, la consapevolezza di quali sarebbero state le vie in cui muoversi, ignaro

---

27 D. LYNCH, *In acque profonde. Meditazione e creatività*, Milano, Mondadori, 2008, cit., pp. 151-152.

28 *Ivi*, cit., p. 155.

di quale sarebbe stato il risultato finale ma sicuro che tutti i pezzi si sarebbero incastrati in un unico filo conduttore.

Il film e la sua sceneggiatura assumono la sostanza dei personaggi che lo popolano, mutevole, in continua trasformazione, alla ricerca di una forma, di un'identità.

INLAND EMPIRE si sviluppa come un film *in fieri*, che nasce, cresce, senza un inizio o una fine ben precisa, ma seguendo le innumerevoli direzioni che lo conducono a innumerevoli strade, a innumerevoli esistenze, a molteplici soluzioni.

Lynch raggiunge, con quest'ultima opera, l'apice del suo percorso attraverso le identità frammentate dell'essere umano, che se nei due precedenti film era sembrato semplicemente duplicarsi, qui si moltiplica in maniera esponenziale.

Se in *Mulholland Drive* eravamo in presenza di una sceneggiatura tortuosa, malleabile, ma con una struttura possibile da ricomporre, in *INLAND EMPIRE* assistiamo a una storia in continuo sviluppo.

Utilizzando le parole di Deleuze, potremmo dire che la sua creazione è *una questione di divenire, sempre incompiuta, sempre in fieri, e che travalica qualsiasi materia vivibile o vissuta*[29].

Il divenire, il trasformarsi, il rivelarsi sono i veri protagonisti del film, in cui non c'è mai una forma stabilita, un'identità acquisita, *poiché il divenire non significa raggiungere una forma, ma trovare la zona di vicinanza, d'indiscernibilità o d'indifferenziazione*[30] (Deleuze, *Critica e clinica*) tale che una donna non abbia più possibilità di distinguersi da tutte le altre, poiché lei stessa è tutte le altre. Nikki Grace, Susan Blue, la Lost girl, la prostituta, non saranno altro che camaleontiche facce di una stessa persona.

---

29 G. Deleuze, *Critica e clinica*, Milano, Cortina, 1997, p. 13, nel capitolo *La letteratura e la vita*.

30 *Ivi*, cit., p. 13.

La prima visione del film (ma anche la seconda) lascia sicuramente sconcertati, disorientati, così come avviene ormai da anni per ogni nuova opera di Lynch.

Era stato così anche per *Eraserhead*, per *Strade Perdute* e per *Mulholland Drive*, film che prevedono un'attenzione particolare da parte dello spettatore, una richiesta, o meglio un'imposizione di lettura interpretativa che parta da subito, contemporanea alla visione del film. Un lavoro di analisi attento e difficile, a cui solo coloro che conoscono bene le dinamiche delle opere lynchiane possono adattarsi.

Ma *INLAND EMPIRE* rende questo percorso interpretativo ulteriormente complicato e tortuoso per il modo in cui i misteri e i segreti sono tenuti nascosti, mai chiaramente messi in scena e, più di ogni altro film di Lynch, appena evocati, difficilmente visibili.

La reazione alla sua visione e all'incapacità di costruire un percorso interpretativo solido è stata inizialmente duplice da parte della critica e degli spettatori.

C'è chi ha cercato di ridurre il film a una semplice esperienza audiovisiva, a un esempio di video-arte, per poter giustificare la propria incapacità a fornire altre spiegazioni e glissare con commenti a dir poco evasivi, fra cui *geniale, perché non ci si capisce nulla*[31]. Il film, secondo questa linea di pensiero, diventa un'installazione, per l'uso della camera digitale e per il modo di filmare in parte artigianale.

A questa posizione se ne aggiunge un'altra, completamente opposta, ma altrettanto fuorviante, per avvicinarsi al film e a Lynch in generale: consiste nell'accumulare gli innumere-

---

31 È uno dei commenti con cui molti si avvicinano alle opere di Lynch e che riporta anche S. DELORME nel suo articolo su INLAND EMPIRE, *Une femme mariée*, in "Cahiers du cinema", n. 620, febbraio 2007, trad. it. Eugenio Renzi.

voli simboli che il film propone cercando di dare a tutto un significato letterale. Buona parte della critica è già caduta in questo tranello ma, come più volte Lynch ha spiegato, questo non è il metodo giusto per cercare di capire, o almeno per dare una spiegazione ai suoi film.

Un esempio evidente di questa tendenza alla sovrainterpretazione lo possiamo ritrovare nel libro di Pierluigi Basso Fossali "*Interpretazione tra mondi. Il pensiero figurale di David Lynch*", in cui l'autore cerca di portare a galla e sviscerare qualsiasi elemento oscuro che contraddistingue *INLAND EMPIRE* (e tutte le altre opere di Lynch). Sicuramente le analisi di Fossali sono degne di nota per il lavoro attento e maniacale con cui viene affrontato il testo, ma alcune osservazioni sulle funzioni figurali di certi componenti filmiche (dal significato dei colori a quello del cacciavite) sembrano davvero eccessive[32].

L'ansia interpretativa si configura come il sintomo di un metodo critico e analitico che non riesce ad accettare la sua inadeguatezza di fronte a qualcosa a cui fatica a imporre una forma.

Un atteggiamento intermedio che si interroghi su determinati figure o situazioni ricorrenti, senza però avere la smania o la presunzione di poter dare un significato a tutto, sembra più fruttuoso e utile per avvicinarsi a ogni opera di Lynch, soprattutto a *INLAND EMPIRE*, che si pone a metà strada fra una produzione narrativa alternativa e una sperimentazione linguistica.

Paolo Mereghetti sembra cogliere appieno gli stimoli che ci suggerisce il film. In un articolo uscito sul "Corriere della Sera" ricorda come si dovrebbe lasciarsi andare alla visione *senza voler a tutti i costi chiedere spiegazioni pedanti o banali,* sottolineando come la nostra incapacità a comprendere non significhi necessariamente che siamo di fronte a un film

---

32 P. Basso Fossali, *Interpretazione tra mondi. Il pensiero figurale di David Lynch*, Pisa, ETS, 2006.

astruso ma che se *non cogliamo alla prima visione tutti i nessi e le citazioni vuol dire, semmai, che siamo stati viziati (e intorpiditi) da un cinema-tappezzeria, perfetto per «arredare» il salotto ma non per stimolarci con novità e sorprese.* Quello che Mereghetti suggerisce, alla fine del suo articolo, è di accettare la sfida che *INLAND EMPIRE* ci propone e provare a misurarci con le sue idee[33].

Guardare il film e ragionare su di esso significa liberarsi di ogni tipo di pregiudizio, lasciandosi trasportare da sensazioni e intuizioni che permettano di chiarire anche domande apparentemente banali.

La prima, a cui la critica e gli spettatori hanno cercato una risposta è: qual è il senso del film? Di cosa parla?

Sono interrogativi che anche una curiosa e angosciante vicina pone, in una delle prime sequenze, a Nikki Grace, riguardo a un nuovo ruolo che l'attrice si appresta a interpretare.

Vicina: *"L'argomento è il matrimonio?"*
Nikki: *"Beh, sotto un certo aspetto…"*

Lynch, nel *trailer* e nel sito del film, aveva anticipato la storia a suo modo, senza nessuna frase esplicativa.

INLAND EMPIRE è la storia di un mistero, il mistero di un mondo all'interno di altri mondi, che si svela intorno ad una donna, una donna innamorata ed in pericolo.

Ma chi è questa donna? Chi è la donna in pericolo? È la Lost girl? È Nikki Grace? È Susan Blue?

Se si era avuta la sensazione, in *Mulholland drive* e in *Strade perdute*, di poter, in qualche modo, ricucire la struttura frammentata e scomposta dei film, in *INLAND EMPIRE* c'è la paura di perdersi nel labirinto della narrazione.

Non si ha più una storia che prevede una protagonista de-

---

33 P. Mereghetti, *Lynch, cinema nel labirinto di un tradimento*, su "Corriere della sera", 9 febbraio 2007.

finita, intenta a spaziare nella molteplicità delle sue personalità, delle sue possibilità di vita, ma abbiamo una serie di donne, una serie di protagoniste le cui storie si intrecciano, si scambiano.

La prima donna che vediamo è la *Lost girl*, una ragazza che si trova all'interno di una camera di albergo, seduta su un letto, con il volto in lacrime. Sta guardando lo schermo di un televisore, inizialmente non sintonizzato, che trasmette il tipico effetto nebbia, non nuovo nei film di Lynch. Anche qui, come in *Fuoco cammina con me* e *Strade perdute* assume un ruolo rivelatore, di ricerca del rimosso. Da un schermo senza immagini, da un buio conoscitivo totale, la protagonista cerca di far riemergere dei ricordi.

La storia della *Lost girl*, che si esplicita attraverso una riproduzione, diventerà così il punto di partenza, il contenitore di storie, che vengono portate in scena da altre storie, in un gioco di diffrazione narrativa potenzialmente infinito.

La *Lost girl* porta in scena la sua storia attraverso la figura dell'attrice americana Nikki Grace, che si appresta a interpretare Susan Blue nel film *On high in blue tomorrows*, remake del film polacco *47*, in cui il ruolo della protagonista era interpretato da un'attrice con le stesse sembianze della *Lost girl*.

La vicenda è continuamente differita nel prisma delle narrazioni plurime senza che nessuno la viva mai direttamente o completamente, né in quanto personaggio, né in quanto attore.

Tutto ciò che le donne cercano di esprimere lo fanno attraverso diversi generi di rappresentazione, cercando sempre di sfuggire da qualsiasi tipo di forma prefissata, non consentendo mai di creare un organismo narrativo definito.

Il cinema, la *sit-com*, il programma televisivo, ma anche la lettura di un copione, sono tutti esempi di interpretazioni, di rappresentazioni di ciò che è stato vissuto, di ciò che può essere riproposto ormai solo attraverso un filtro, attraverso una simulazione, in cui il reale e la sua copia non hanno più differenze. Il film si presenta pieno di meccanismi e dispositivi di riproduzione, che vogliono svelare il carattere illusorio di ciò a cui si sta assistendo. Il giradischi, la macchina da presa, la sceneggiatura di *On high in blue tomorrow* letta da Nikki e Devon, ricordano continuamente che si è di fronte a una storia registrata, in cui niente di ciò che si vede è vero.

Non è la prima volta che in un film di Lynch viene esplicitato l'orizzonte del falso e dell'artificiale che caratterizza ogni rappresentazione.

In *Mulholland Drive*, nell'indimenticabile scena del "Club Silencio", il presentatore dice ripetutamente *"Silencio… No hay banda"*, *"È tutto registrato"*, *"È tutto un nastro"*, *"È solo illusione"*. Stiamo assistendo a uno spettacolo, dove niente è reale ma tutt'al più verosimile.

INLAND EMPIRE, in questo orizzonte dove la realtà si è ormai sgretolata, si presenta come l'impero della riproduzione e della duplicazione. Tutto ciò che vediamo non è altro che un *remake* della realtà, una rappresentazione di qualcosa a cui sembra impossibile imporre un disegno unico. La moltiplicazione dell'essere e la prolificazione dei ruoli si traduce con la moltiplicazione dei livelli narrativi, che non hanno mai una struttura gerarchica, ma scorrono paralleli, intersecandosi e scambiandosi in alcuni punti.

Il tema che sembra accomunare i vari percorsi narrativi è l'adulterio e le conseguenze che esso porta con sé, dai rimorsi, al dolore, alla paura per una gravidanza extraconiugale. Come più volte viene detto nel film dalla vicina e dal marito di Nikki: *ogni azione, qualunque azione ha delle conseguenze.* Ciò che viene messo in scena sono le varie strade, i vari luoghi e situazioni a cui un'azione, nel caso specifico l'adulterio, può portare. Sono varie sceneggiature, rappresentate con vari registri, con vari mezzi di comunicazione, con varie atmosfere, che conducono tutte a una ricerca di espiazione di una colpa.

Le donne del film sono unite da quel pericolo che il *trailer* anticipava, da quel terrore di scoprire di *avere un conto in sospeso da pagare*.

Si possono delineare quattro personaggi femminili principali, a cui durante il film si uniranno figure secondarie:

Nikki Grace, l'attrice che ha ricevuto la parte di protagonista nel nuovo film di Kingsley Stewart, *On high in blue tomorrows*. Nikki, sposata con Janek, è tentata a iniziare una relazione adulterina con il suo partner cinematografico, Devon Berk.

Susan Blue, il personaggio interpretato da Nikki Grace, che tradisce il proprio marito con Billy, uomo sposato con figli, interpretato da Devon.

Una donna anonima, probabilmente una prostituta, interpretata ancora da Laura Dern, che, sottoposta a un interrogatorio racconta la propria vita e la perdita del proprio figlio: *"dopo la morte di mio figlio, ho attraversato un momento difficile"*.

La *Lost girl*, la protagonista femminile di *47*, il film polacco di cui è stato fatto il remake *On high in blue tomorrows*.

La donna guarda in televisione le immagini del film originale, in cui interpreta una donna che compie un adulterio, immagini a cui si uniscono quelle della vita di Nikki Grace, del film *On high in blue tomorrows* e di una strana sit-com che ha per protagonisti tre conigli antropomorfi.

Fra queste quattro storie sono stabilite delle relazioni che funzionano come dei giochi a incastro, come delle tessere di domino collegate da una faccia in comune.

Fra loro non c'è una dinamica di consequenzialità ma un'adiacenza a livello visivo che permette un passaggio da un mondo a un altro. I vari percorsi narrativi si congiungono attraverso una relazione metonimica, attraverso una somiglianza fisico-spaziale degli oggetti o dei luoghi.

È possibile rintracciare alcuni esempi di queste relazioni instauratesi tra situazioni e personaggi diversi, legati però da un sottilissimo filo di analogie.

All'inizio del film, nel passaggio fra la camera della prostituta polacca e la camera in cui troviamo la *Lost girl* la relazione è data dai corpi nudi e dalla posizione in cui sono le due donne: entrambe si trovano su un letto e si coprono il corpo, e la camera e il letto sono gli stessi.

Quando Sue, nella Sequenza 28, passa dalla Smithee house alla strada innevata polacca, viene inquadrata con le mani che gli coprono il volto e la scena successiva si apre con la donna, ormai in Polonia, che si toglie le mani dagli occhi.

Nella Sequenza 55, nel passaggio fra la casa polacca, dove si trovano tre anziani, e *Rabbits*, possiamo notare che la disposizione dei tre uomini e la luce rossa viene ripresa anche nell'ambientazione della sit-com dei conigli.

Ogni accesso da una dimensione a un'altra è caratterizzato da variazioni minime e sottilissime, in cui tutto è collegato, in cui ogni mondo, ogni situazione presenta dei punti di contatto. Non c'è mai un vero e proprio stacco da una situazione a un'altra, non ci sono cambiamenti netti, i personaggi sono variabili, mutevoli, si trasformano a ogni dissolvenza, si rivelano.

La struttura di *INLAND EMPIRE* si presenta molto simile a quella del rizoma deleuziano, quella figura simbolo dell'erranza che può produrre molteplicità, senza partire da un'unità principale, *ma innescando, su quella che sembrava la radice primaria, una molteplicità di radici secondarie che si sviluppano autonomamente*[34].

Come il rizoma, *INLAND EMPIRE* è articolato in modo che qualsiasi punto del film può essere collegato con qualunque altro; *può essere rotto, spezzato in un punto qualsiasi, ma può riprendere questa o quella delle sue altre linee, poiché esso comprende delle linee di territorialità a partire dalle quali è stratificato, territorializzato, organizzato (...) ma anche linee di deterritorializzazione per mezzo dei quali incessantemente fug-*

---

34 G. Battista Vaccaro, *Deleuze e il pensiero del molteplice*, Milano, Franco Angeli, 1990, cit.,p. 129.

ge[35]; è collegabile in tutte le dimensioni, smontabile, suscettibile di ricevere modificazioni costanti ed è sempre ad accessi multipli.

La villa di Sue, l'albergo della *Lost girl*, la casa di Smithee, gli stage, la stanza dei Rabbits, il teatro cabaret, la stanza confessionale di Mr K., sono tutti luoghi raggiungibili da porte diverse, hanno accessi e dimensioni comunicanti. In *INLAND EMPIRE* si perde il senso dell'orientamento, le strade non portano mai dove pensiamo, non ci riportano mai esattamente a ciò che avevamo lasciato. Ci muoviamo all'interno di un *sistema acentrico, non gerarchico, non significante*[36], dove alla logica dell'è, del raggiungimento di una certezza, si sostituisce la logica dell'e, *caratterizzata da processi di deformazione o di trasformazione operanti in uno spazio tempo inesatto*[37].

---

35 G. Deleuze, F. Guattari, *Rizoma*, trad. it. di S. Riccio, *Rizoma*, Parma-Lucca, Pratiche, 1977, cit. p. 33.

36 G. Deleuze, F. Guattari, *Millepiani. Capitalismo e schizofrenia*, Istituto della Enciclopedia italiana, Roma, 1987.

37 *Ivi*, cit., pp. 507-508.

Nella numerosa galleria di personaggi misteriosi e inquietanti non passano certo inosservati i tre conigli antropomorfi che compaiono all'inizio del film e che ritroveremo anche in alcune scene successive.

Lynch non li ha ideati esclusivamente per inserirli in *INLAND EMPIRE*, ma gli spezzoni che troviamo nel film possono essere considerati un'ipotetica nona puntata di questa particolare serie che era apparsa sul sito personale del regista alcuni anni prima, precisamente nel 2002.

Come ogni progetto di Lynch, anche *Rabbits*, alla sua uscita, era stato accompagnato da misere e laconiche spiegazioni. Fu utilizzata solo una frase, come per *INLAND EMPIRE*:

In una città senza nome, inondata da una pioggia senza fine, tre conigli convivono con un pauroso mistero.

Gli attori che interpretano i tre personaggi sono Scott Coffey, Naomi Watts e Laura Helena Harring, provenienti dal precedente lungometraggio di Lynch, *Mulholland Drive*, e la colonna sonora, ancora una volta, è curata dall'immancabile Angelo Badalamenti che, come sempre, riesce a creare atmosfere suggestive.

Gli otto episodi, a cui poi si aggiungerà quello di *INLAND EMPIRE*, si svolgono nella stessa stanza, un salotto in cui vediamo un divano, un asse da stiro e un comodino con sopra un telefono. In questo ambiente l'illuminazione ha un ruolo determinante nel creare sensazioni di angoscia e inquietudine. Ci sono tre luci che illuminano la stanza: una lampada da tavolino, a fianco del divano; una luce da soggiorno, che si trova dietro l'asse da stiro e che è puntata verso il soffitto; una luce situata in basso nella sala antistante al divano e che ha il compito di creare le ombre delle orecchi dei conigli, che coprono quasi completamente le pareti.

L'enigmaticità della situazione è data anche dal fatto che la stanza comunica con altri ambienti di cui, però, non riusciamo mai a vedere niente. Infatti possiamo intravedere un altro ambiente sul fondo, in cui a volte Suzie si allontana per andare a prendere delle candele con cui compie una sorta di rito spiritico; un salone più grande, antistante al divano; l'esterno della stanza, suggerito dalla porta d'ingresso, da cui entra e esce solo Jack Rabbit e da cui riusciamo a cogliere solo dei rumori (come accade nell'ottava puntata) senza mai intravedere niente.

Ogni episodio è ripreso con un inquadratura fissa, senza tagli di montaggio (a imitazione di una *pièce* teatrale), tranne il sesto episodio, in cui è presente un taglio sul telefono che squilla. In sottofondo possiamo sentire la presenza costante della pioggia e di qualche tuono, che ogni volta, fa perdere la messa a fuoco della telecamera.

A ogni entrata in scena di Jack Rabbit, l'unico che si muove dall'esterno all'interno della stanza e viceversa, partono gli applausi del pubblico e, dopo alcune frasi banali, sentiamo delle risate preregistrate.

Il *format* è quello della *sit-com* in cui, però, non succede niente di rilevante e in cui gli attori recitano e si muovono schematicamente, parlando con la stessa tonalità e dicendo frasi apparentemente non-sense e senza causalità.

Un tipo di rappresentazione che si avvicina molto a quella del teatro dell'assurdo, in cui a una narrazione tradizionale si sostituisce un'alogica successione di eventi, legati solo da una sottile traccia che si basa su emozioni e sensazioni. Come i conigli, i protagonisti di questo teatro parlano con conversazioni senza senso, con nessuna connessione razionale, con un non dialogo in cui non c'è mai contiguità fra domanda e risposta.

Si tratta di una vera e propria critica indirizzata al linguaggio, che non rappresenta più il mezzo per eccellenza di comunicazione fra le persone ma che ormai si rivela un inganno, sempre in equilibrio fra ciò che si pensa realmente e ciò che si dice.

Con *Rabbits* Lynch rivolge una critica anche verso le serie televisive e verso il mezzo televisivo in generale, che ha ormai creato degli schemi fissi, e quasi immutabili di *format* ma, soprattutto, di pubblico. Gli spettatori assistono alienati allo spettacolo, ridono, applaudono e trattengono il fiato a comando, istruiti da una visione televisiva distratta e canonica, esattamente il contrario di quanto richiede il cinema di Lynch.

Nella Sequenza 10 lo sguardo ironico che il regista riserva alla televisione è quanto mai evidente. Nikki e Devon sono ospiti del *Marylin Levens Starlight Celebrity Show* per presentare il loro film, *On high in blue tomorrows*. Lo scenario si presenta con dei colori accesi che ci suggeriscono un'idea di qualcosa di falso e di costruito, così come la sua conduttrice, che si muove e parla con un atteggiamento retorico, impostato. Ciò che dice è ciò a cui ormai il pubblico ipnotizzato della televisione è abituato a sentire e a cui è interessato: Marylin infatti suggerisce la nascita di una possibile relazione fra Devon e Sue, promettendo agli spettatori di informarli di ogni eventuale sviluppo della storia.

Il gossip e il pettegolezzo più basso sono diventati gli argomenti principali di cui si occupa il palinsesto tv, rivolto a un pubblico sempre più passivo.

La falsità del mezzo viene evidenziata anche dai numerosi rumori di sottofondo che caratterizzano lo show, utilizzati per sottolineare le parole della presentatrice e dei due ospiti.

Un attacco verso quello che è l'impero del falso e della simulazione, che ha reso lo spettatore inerte, incapace di scegliere fra le innumerevoli immagini da cui viene bersagliato.

La sua critica si estende anche al campo del cinema, come possiamo vedere in altre sequenze del film, in cui certi atteggiamenti e certi *cliché* tipici di alcuni generi, dal melodramma al thriller, sono ironizzati e, sempre con uno stile sobrio, messi in ridicolo.

Nel dialogo fra Sue e Billy, nella Sequenza 16, in un'atmosfera tipicamente melodrammatica in cui i due protagonisti dichiarano il loro amore reso però impossibile dai loro rispettivi matrimoni, Lynch introduce degli elementi di rottura.

Gli occhiali che indossa Sue stonano con il suo abbigliamento e il chewing-gum, che mastica nervosamente, contrasta con lo stile patinato del melodramma. A questo vanno aggiunte alcune frasi che la donna pronuncia e che, per il doppio senso sessuale, si legano poco con il genere. Dopo che Devon le dice: *"Beh, praticamente sto con lei* (la moglie) *fin da piccolo"*, Sue gli risponde: *"Non hai più niente di piccolo adesso, a sentire quello che dicono"*.

Anche nelle sequenze in cui una Laura Dern prostituta parla delle sue esperienze a Mr. K il suo registro e le parole che usa, truci e spesso volgari, sembrano riprendere lo standard di un certo cinema basato sul turpiloquio.

Ma ritorniamo a *Rabbits* e al suo ruolo che svolge all'interno del film, che non si limita solo a un'analisi metalinguistica sul cinema e la televisione, ma ha anche un valore narrativo forte all'interno della storia, presentando delle interessanti variazioni rispetto alla serie distribuita via web.

Nella quinta sequenza, la prima volta che appaiono i conigli, Jack Rabbit esce di casa, ma, a differenza degli episodi precedenti, possiamo vedere il luogo in cui si affaccia quando apre la porta. Si tratta di una stanza sfarzosa in cui poi vedremo parlare due uomini in polacco, uno dei quali (Cramp), dice di cercare un ingresso.

Nella trentaduesima sequenza assistiamo a una scena già presente nella serie distribuita nel sito di Lynch, cioè alla stanza che improvvisamente vira in rosso, con un fiammifero che sembra bucare l'immagine e all'evocazione spiritica di Suzie che ha in mano due fiammiferi.

Qui però non appare mai lo spettro con la voce demoniaca dei precedenti episodi, ma si materializza Jack Rabbit. Nella scena successiva, il coniglio è seduto di fronte a un tavolo, nella stessa posizione in cui troveremo il confessore Mr. K. Assistiamo ancora a una variazione rispetto alle altre puntate: il coniglio non è più ripreso a figura intera da davanti, ma a mezzo busto da sinistra.

Nella trentasettesima sequenza, Sue telefona dalla Smithee house e chiede di Billy *"Billy?!"*, dall'altro capo del telefono risponde Jack Rabbit e, a seguire, le risate preregistrate del pubblico. Per la prima volta dal telefono dei Rabbits si sente una voce, segno che si è instaurata una comunicazione esterna, che fino a ora non era stata possibile.

Nella cinquantacinquesima sequenza possiamo notare un nuovo punto di congiunzione fra i conigli e l'esterno. Dopo l'attraversamento di una soglia e la comunicazione telefonica, si passa a una vera e propria metamorfosi dall'umano all'animale. Infatti, con una dissolvenza incrociata, i tre anziani polacchi, disposti intorno a un tavolo, diventano i tre conigli, per la seconda volta ripresi da più vicino e da sinistra.

Nella sessantacinquesima sequenza, l'ultima in cui vediamo i Rabbits, la porta della loro abitazione si apre improvvisamente e dall'esterno entrano dei forti bagliori bianchi, accolti dai conigli con la loro consueta impassibilità. Nella scena successiva ci viene mostrata Nikki che entra nella stanza 47, che vediamo essere quella dei Rabbits, ma a questo punto la stanza è vuota, i conigli sono spariti.

Dopo che i conigli avevano avuto contatti con l'esterno, ora è qualcuno che viene da fuori a entrare nella loro dimensione, provocando il loro dissolvimento.

Ma qual è, quindi, il significato da attribuire alle figure dei conigli?

La camera dei Rabbits rappresenta, in piccolo, l'universo filmico di INLAND EMPIRE, è un micromondo all'interno di macromondo. La stanza e l'atmosfera in cui si trovano ricorda molto tutti gli altri ambienti del film, caratterizzati da porte e da varchi oscuri, in cui non vediamo mai cosa si cela.

Ogni volta che Nikki, Sue o la prostituta si muovono e vagano da un luogo a un altro non sappiamo mai cosa troveranno, a che cosa stanno andando incontro, creando così un clima di ansia e inquietudine. La ricerca, l'apparente aggirarsi senza scopo fra situazioni diverse sembra volgere verso un unico fine: svelare un mistero, quel segreto che Jack Rabbit dice di nascondere, portare a galla qualcosa che è stato cancellato, una cosa di cui Nikki non si può ricordare. La stanza dei conigli si presenta allora come luogo del rimosso e del rimorso, dove l'inconscio si nasconde e cela la sua vera essenza. Jack rappresenta la parte più oscura che teme e, allo stesso tempo, spera di essere svelata. Suzie e Jane alternano fasi di dialogo vago, come per cercare di sfuggire all'angoscia del mistero, a fasi in cui dichiarano di voler sapere cosa si nasconde dietro le frasi di Jack.

Jack è l'inconscio, dove si cerca di cancellare i sentimenti e le emozioni più dolorose. È l'unico che riesce a comunicare con le altre stanze (della mente) alla ricerca del segreto che la Lost girl, ovvero Nikki, ovvero Sue, ovvero la prostituta, nascondono.

L'approccio con il rimosso è inizialmente duro e tormentato, richiede un filtro, qualcosa che lo renda più facilmente assimilabile.

Non a caso la Lost girl ha la sua prima apparizione dei conigli da uno schermo televisivo, qualcosa che le garantisce una distanza ma che, comunque, le causa lacrime e tristezza.

Nelle scene successive che li vedono protagonisti, i conigli riducono la loro distanza con le altre stanze, le altre ambientazioni e gli altri personaggi del film. Si generano da altre forme, diventano la metamorfosi di altre figure e riescono ad avere un contatto, sia pure solo telefonico, con una delle protagoniste del film.

Il loro compito, quello di risvegliare e portare a galla i ricordi più nascosti dell'inconscio umano, sembra aver portato i suoi frutti e alla fine sta a Nikki (Sue, la Lost girl, la prostituta) entrare in quella stanza 47, per porsi di fronte a se stessa, cercando una redenzione e finalmente una pace.

I protagonisti del mondo lynchiano, a partire da Fred di *Strade perdute*, passando per Betty/Diane in *Mulholland Drive*, fino ad arrivare a Nikki/Sue/Lost girl/la prostituta in *INLAND EMPIRE*, si presentano come vittime del meccanismo inconscio della coazione a ripetere, di cui Freud aveva analizzato le caratteristiche in *Al di là del principio di piacere*.

Ci sono persone che danno l'impressione di essere perseguitate da qualche fato maligno o possedute da qualche potenza demoniaca; ma la psicanalisi è stata sempre del parere che il loro destino è in massima parte da essi stessi fabbricato, oltre a essere determinato da influenze subite nella prima infanzia. La coazione che si manifesta in questi casi non è diversa dalla coazione a ripetere che abbiamo osservato nei nevrotici, anche se gli individui a cui stiamo accennando non hanno mai mostrato segni riferibili a un conflitto nevrotico, il quale produrrebbe dei sintomi.(…) Questo eterno ritorno dell'identico non ci sorprende allorché si riferisce al comportamento attivo dell'individuo in causa, e quando siamo in grado di evidenziare in lui un tratto di carattere essenziale che rimane costante nel tempo e che è costretto a manifestarsi nella ripetizione delle stesse esperienze[38].

Gli individui soggetti a questa ripetizione automatica di azioni e gesti non ricordano niente degli elementi che hanno dimenticato e rimosso, ma reiterano gli stessi atti senza rendersene conto[39]. Freud sostiene che *il paziente non si libererà, finché rimane in trattamento, da questa coazione a ripetere e alla fine ci si renderà conto che proprio questo è il suo modo di ricordare*[40].

---

38 S. Freud, *Al di là del principio del principio del piacere* (a cura di A. Civita), Milano, Bruno Mondadori, 2003, cit., p. 63.

39 S. Freud, 1913, Nuovi consigli sulla tecnica della psicoanalisi: 1. Inizio del trattamento.Opere di Sigmund Freud, 7: 355-356. Torino: Boringhieri, 1975.

40 S. Freud, *Ricordare, ripetere e rielaborare*, in *Nuovi consigli sulla tecnica della psicoanalisi*, in *Opere*, Torino, Boringhieri, 1967-1993, cit., vol. VII, p. 356.

Le protagoniste di *INLAND EMPIRE* si raddoppiano, si moltiplicano, identificandosi in altre persone, in un perpetuo ritorno dell'uguale in cui anche gli eventi e le frasi vengono replicate e ripetute. Il percorso labirintico a cui sono sottoposte le porta a rimarcare gli stessi luoghi, le stesse situazioni, a subire le stesse sensazioni e ad ascoltare parole che si trasformano in suoni rimbombanti.

Come ha notato Žižek, nei film di Lynch compare spesso una frase che è riproposta più volte e che, per questa sua insistita presenza, assume un significato particolare.

Un ingrediente fondamentale nell'universo lynchiano è una frase, una catena significante, che risuona come il Reale che insiste e ritorna sempre; una specie di formula che sospende o attraversa il tempo: in *Dune* è "colui che dorme deve svegliarsi", in *Twin peaks*, "i gufi non sono quello che sembrano", in *Velluto blu*, "papà vuole scopare". In *Strade perdute*, ovviamente, "Dick Laurent è morto"[41].

A queste va aggiunta la frase che in *Mulholland Drive* passa di bocca in bocca e cioè *"Questa è la ragazza!"*.

In *INLAND EMPIRE* non abbiamo un'unica proposizione che ricorre incessantemente ma un insieme di espressioni che si ripetono martellanti, pronunciate dai vari personaggi che popolano il film, in toni e situazioni diverse. La loro presenza diventa assillante, il loro suonare e risuonare nelle nostre orecchie ci illude di una possibile scoperta di un percorso narrativo da cui potremmo delineare le fila della storia. Gli esempi sono molteplici e sparsi lungo tutto il film.

Nel dialogo angosciante in casa di Nikki Grace, la Vicina dice che l'attrice *"ha un conto in sospeso da pagare"* e le ricorda che *"un'azione, qualunque azione ha delle conseguenze"*. La prima frase sarà ripresa nella Sequenza 20, quando il marito di Nikki, con tono minaccioso, intima a Devon di lasciar perdere sua moglie, ricordandogli che *"ogni nostra azione comporta*

---

41 S. Žižek, D. Lynch, *L'arte del sublime ridicolo*, in *Dello sguardo e altri oggetti. Saggi sucinema e psicanalisi*, Udine, Campanotto, 2004, cit., p.

delle conseguenze", mentre la seconda sarà ripetuta, nella Sequenza 52 C, da una strana donna che va a far visita a Nikki/Sue dicendole di "*essere venuta per un conto in sospeso che deve essere pagato*".

Nella Sequenza 45, quando Piotrek rivela alla moglie di volersi unire a un gruppo di artisti ambulanti che provengono dalle regioni del Baltico, le dice "*Io mi occuperò degli animali. Dicono che ci so fare con gli animali*", ricordando ciò che aveva detto Freddie in uno strampalato dialogo con Nikki e Devon e cioè "*Mi sono sempre piaciuti gli animali*".

Nella Sequenza 57, quando Nikki/Sue/la prostituta si trova lungo la *Walk of Fame*, dice con tono ironico: "*Sono una puttana. Dove mi trovo? Ho paura*", ricordando quello che diceva la donna, probabilmente una prostituta, che compariva nella terza sequenza.

Il litigio, nella Sequenza 61 B, fra Nikki/Sue e il marito, che le grida "*Io non sono la persona che pensi. Io non posso avere figli!*", fa eco alla Sequenza 31 C, in cui vediamo la Lost girl, che dice a un uomo (con le sembianze di Piotrek) "*Non posso darti dei figli, lo so. Non sono la persona che credi*".

Per ben tre volte i personaggi del film fanno una richiesta di riconoscimento sulla propria identità: nella Sequenza 28 A, la prima volta che il gruppo di donne compare a Nikki/Sue, Lanni le chiede, visibilmente terrorizzata "*Hey, guardaci e dicci se ci hai mai conosciute*"; nella Sequenza 40 A, Nikki/Sue, in un giardino davanti a quella che prima era la casa di Smithee, chiede a Lanni e Lori "*Guardatemi e ditemi se mi avete già vista prima*"; e, infine, nella Sequenza 59 A, quando la Lost girl, che si trova su una strada innevata, in un'ambientazione polacca, chiede a Lanni e Lori, in maniera analoga a Nikki/Sue "*Guardatemi e ditemi se mi avete mai vista prima*".

Il continuo ritorno delle stesse parole diventa espressione di un trauma, di un dolore o di una colpa che non fanno altro che riproporsi nella mente delle protagoniste, assumendo ogni volta sembianze diverse. Sembra impossibile poter sfuggire alla propria angoscia, alla propria coscienza. Deve essere saldato quel conto in sospeso che viene ricordato loro in più occasioni.

Oltre alle parole si ripetono anche alcune scene, rivisitate con personaggi e luoghi diversi, come nella Sequenza 42 B, in cui una donna, con sembianze della Lost girl, sale le scale con un cacciavite in mano ricordando la Sequenza 33 A, che vede Sue salire le scale verso la stanza del confessore, anche lei armata di cacciavite.

Ci sono poi delle sequenze che sono dei veri e propri replay, dei ricalchi esatti di immagini precedenti, che rappresentano esempi di auto-osservazione, in cui il soggetto che osserva e l'oggetto osservato sono paradossalmente la stessa persona.

Questo avviene nella Sequenza 27 quando, per una seconda volta, ci troviamo di fronte alla scena in cui Devon e Nikki provano una parte del film che si apprestano a girare, *On high in blue tomorrows*. Questa volta Nikki (Sue) non è solo attrice della scena ma, allo stesso tempo, diventa spettatrice della stessa.

Il suo percorso verso la ricerca e la rivelazione di desideri e traumi rimossi inizierà a partire da qui, dal momento in cui riesce a scindere la sua personalità, a diventare osservatrice delle proprie azioni, ad analizzare gli intricati percorsi del proprio inconscio. La resistenza al ricordo dei propri fantasmi interiori e dei propri incubi più dolorosi si presenta dura e difficile da sconfiggere per Nikki/Sue/Lost girl/la prostituta, tanto che il ricordo è soppiantato dal ripetere.

Sono *le sue inibizioni, i suoi atteggiamenti inservibili, i tratti patologici del suo carattere, ripete i suoi sintomi*[42].

Un'ulteriore ripetizione di scena avviene nella Sequenza 64 D, quando Sue/Nikki/la prostituta si ritrova all'interno di una sala cinematografica. Sullo schermo vede le immagini

---

42 S. Freud, *Ricordare, ripetere e rielaborare*, in *Nuovi consigli sulla tecnica della psicoanalisi*, in *Opere*, Torino, Boringhieri, 1967-1993, cit., vol. VII, p. 357.

di se stessa, a cui avevamo già assistito nella Sequenza 61 E, a colloquio con il confessore, nel momento in cui gli sta rivelando del trauma derivato dalla morte del figlio e del suo sentirsi come *a teatro prima che la scena si illumini*.

Ancora una volta Nikki/Sue/la prostituta è contemporaneamente attrice e spettatrice, soggiace alla coazione a ripetere, blocca il suo impulso mnestico. Il suo percorso di reminescenza verso un passato fatto di rimorsi e colpe da espiare si sta comunque avvicinando e quel traguardo, che la porterà a liberare se stessa e il proprio *Es* da tutte le angosce che la opprimono, non appare troppo lontano.

Dopo aver assistito alla visione della sua immagine sul grande schermo, Nikki/Sue si trova a muoversi nei vari spazi che hanno caratterizzato tutto il film, dal corridoio ad Axxoon N., alla camera da letto della Smithee house fino ad arrivare al corridoio dell'albergo. Tutto sembra contiguo e comunicante, le barriere e le censure si sono finalmente sgretolate. Nikki/Sue si ritrova davanti alla porta 47, davanti a Cramp, il fantasma. Nikki gli spara più volte e il volto dell'uomo si deforma, si modifica fino a cancellare tutti i propri tratti somatici. Nikki ha ucciso i propri fantasmi, le proprie paure ed ora può aprire la porta, quella del proprio inconscio, che ormai è libero da qualsiasi rimorso. Aprirà la stanza misteriosa e sconosciuta, in cui, fino ad allora si trovavano i conigli.

I rabbits, con le loro azioni reiterate e maniacali, rappresentano al meglio la dolorosa condizione psicologica da cui Nikki/Sue/la prostituta/la Lost girl si vuole affrancare.

Jack, Suzie e Jane sono l'esempio di quella coazione a ripetere da cui sono afflitti i personaggi lynchiani. Mentre Jane sta seduta pigramente su un divano, Suzie continua a stirare meccanicamente, le loro azioni si esauriscono all'interno della loro stanza, in una ripetitività e ciclicità continua. Solo Jack cerca un'uscita, una via di fuga da questa ripetizione incessante, affacciandosi in altri scenari e instaurando dei rapporti con l'esterno.

Il coniglio si fa portavoce dell'inconscio di Nikki/Sue/la prostituta/la Lost girl e cercherà di aprire le porte del labirinto mentale da cui è difficile venir fuori.

Al momento in cui la protagonista sarà riuscita a liberarsi dal suo patologico stato compulsivo il coniglio avrà esaurito il suo ruolo. Quando Nikki apre la porta 47 ormai è cosciente di se stessa, del proprio passato, delle proprie paure. Non ha più bisogno di nascondersi, non ha più bisogno di celare le sue inquietudini dietro a delle maschere zoomorfe.

Per Lynch conoscere significa *"fare dei buchi"* nel linguaggio per vedere o intendere *"cos'è nascosto dietro"*[43].

Dei buchi che non sono solamente narrativi ma che si materializzano fisicamente nei suoi lungometraggi.

In una delle prime scene di *Eraserhead*, un foro bianco su uno sfondo completamente nero, si muove al centro dello schermo. A questo punto la macchina da presa si avvicina verso il foro, con una delle classiche soggettive "impossibili" di Lynch, e dopo che lo schermo è diventato completamente bianco, compare in scena Henry.

L'immagine di Jeffrey, in *Velluto blu*, che si dirige verso la casa dell'ispettore di polizia per conoscere nuove informazioni sull'orecchio che ha ritrovato su un prato, viene interrotta per un attimo dalla figura dell'arto tagliato. La macchina da presa si avvicina fino a immergersi dentro l'orecchio, finendo in un nero assoluto. Sarà da qui che Jeffrey inizierà la ricerca sui misteri che avvolgono questa inquietante scoperta, ma soprattutto che avvolgono se stesso. Attraverso la persiana dell'armadio, si troverà a spiare Dorothy e una sconcertante, ma al tempo stesso attraente, pratica sadomasochista.

In *Strade perdute*, Fred si trasforma in Pete dopo che, in preda a una crisi allucinatoria e psicotica, vediamo la macchina da presa avvicinarsi a una bocca deformata che si contorce nell'atto di urlare.

In *Mulholland Drive* la scatola blu rappresenterà il punto centrale del film, il momento in cui si ha un passaggio di identità fra Diane e Rita, in cui il film, dopo che si era mostrato con un apparente consequenzialità, si frammenta e si apre a potenziali interpretazioni.

---

43 G. Deleuze, *Critica e clinica*, Milano, Cortina, 1997, cit., p. 11.

Rita, che indossa una parrucca bionda, rivelatrice della sua lenta metamorfosi in Diane, si perde all'interno della scatola, all'interno dell'oscurità, per ritrovarsi diversa, con una nuova identità.

INLAND EMPIRE si apre già a partire dai titoli di testa con una fessura. Da un foro che lentamente si muove verso destra, si diffonde una luce che illumina il titolo del film. I fori appariranno per altre due volte e la loro presenza sarà tutt'altro che secondaria.

Nella Sequenza 28, in sovrimpressione sul giradischi, vediamo prima Sue e poi la Lost girl avere per la prima volta un contatto.

La domanda e le indicazioni della Lost girl all'attrice saranno queste:

"Vuoi vedere? Ti devi mettere l'orologio al polso, ti accendi una sigaretta, la prendi e la giri contro la seta. Prendi la seta, l'avvicini al viso e guardi attraverso il foro."

Queste istruzioni saranno eseguite da Nikki/Sue nella Sequenza 30, dove vediamo la donna indossare un orologio e guardare attraverso il buco fatto in un vestito di seta rosa.

Non è la prima volta che Lynch usa un abito bucato da una sigaretta e un orologio.

Nel cortometraggio *Darkened room*, che il regista aveva realizzato e distribuito via web nel 2002, una ragazza asiatica, rivolgendosi direttamente allo spettatore, parla di un'amica chiusa in una stanza, che lei non riesce a vedere. La ragazza reclusa, che ci viene mostrata poco dopo, ha delle analogie con la Lost girl. Anche lei è segregata in una camera, incapace di uscire, e la complice del rapitore, nel suo oscuro monologo, allude al motivo per cui la ragazza si trova lì, alla colpa, *al conto in sospeso che deve pagare*.

Le analogie non sono finite. Infatti, la donna del sequestratore dice:

"Questi orologi non funzionano neanche, orologi... E tu vai a comprarne uno...".

Appena entrata nella stanza aveva fatto notare alla reclusa un foro sul suo vestito:

"C'è questo buco nel mio vestito. E non ho idea di come sia successo. Qualche suggerimento? No?".

In *Darkened room* la ragazza sequestrata non sembra recepire i simboli che la circondano, non si sente mai la sua voce, è completamente in balia degli altri.

In *INLAND EMPIRE* la Lost girl osserva ciò che lo schermo televisivo le mostra, piange, soffre, ma diventa consapevole di se stessa e quindi in grado di poter vedere. La ricerca dentro il suo impero della mente sembra ancora troppo dolorosa da affrontare in prima persona e, quindi, decide di delegare Sue/Nikki per questo compito.

Il foro nella seta diventa il mezzo per poter guardare, per poter vedere cosa si nasconde dietro a quell'angoscia che la opprime. È l'unico modo per rivedere se stessi con occhi nuovi, diversi, attraverso un ingresso che conduce a numerosi luoghi, differenti strade che dirigono verso una smisurata gamma di potenzialità di ciò che è stato, ciò che è e ciò che sarà.

Non a caso, le prime immagini della Lost girl al di fuori della sua stanza si possono vedere solo dopo aver guardato dentro il buco. Solo a questo punto vediamo la ragazza all'interno di un appartamento lussuoso in Polonia, che parla con un uomo che ha le sembianze del fantasma.

L'altro elemento fondamentale per la visione, l'orologio, perde la sua funzione primaria, e cioè di segnare un tempo cronologico, che, in una sistema che ha perso qualsiasi dinamica spazio temporale, non ha più senso. Le lancette che iniziano a girare velocemente dopo che Sue/Nikki si è avvicinata alla seta, ricordano quelle dell'orologio da muro in *Fuoco cammina con me*, dopo che Laura Palmer aveva scoperto la vera identità di Bob.

Il tempo diventa relativo e resta difficile dire se oggi è oggi oppure domani, o se sono *le nove e quarantacinque o dopo la mezzanotte*.

La durata non è più calcolabile fisicamente e le protagoniste della storia sono immerse in un tempo bergsoniano, non convenzionale, in cui il presente non è più congelabile in una durata stabilita. È il tempo della coscienza, per cui un istante può durare ore e un giorno può durare un attimo. Ciò che si misura non è più un tempo omogeneo, fisico, scandito secondo dopo secondo dal ticchettio dell'orologio, ma è un tempo interno, in cui si mescolano e si confondono gli stati percettivi. Nikki/Sue si trova in preda a *un processo d'organizzazione o di mutua compenetrazione dei fatti di coscienza*[44], a una fusione fra sensazioni passate e moti di coscienza legati al presente. Le emozioni e i ricordi si sommano e si confondono dal momento in cui le protagoniste si proiettano le une sulle altre, in un gioco in cui da ogni foro si ha uno sguardo su una nuova storia.

Come accade anche nella Sequenza 32 B, dove, dopo aver assistito a un rituale spiritico di Jane Rabbit, in uno scenario che si presenta bucato, probabilmente da un fiammifero, ci troviamo di fronte a una nuova protagonista. Questa volta ha ancora le sembianze di Sue, ma è struccata e ha il volto coperto di lividi.

A ogni foro sembra così corrispondere una nuova interprete, uguale e diversa dalla precedente. Diversa è la loro posizione sociale, diverso è il loro modo di parlare, diversa è la loro lingua e la loro professione, ma ciò che le accomuna è il fatto di portare sulla coscienza una colpa e il terrore di dover espiare un peccato, poiché *qualunque azione ha delle conseguenze*.

Ma in un film che parla di cinema il foro assume un ulteriore significato e diventa metafora della visione cinematografica.

---

44 H. Bergson, *Saggio sui dati immediati della coscienza*, in *Opere* (1889-1896), trad. di F.Sassi, Mondadori

Guardare all'interno di una fessura per vedere cosa si nasconde dietro, per saziare la nostra curiosità, è l'atteggiamento tipico dello spettatore.

Fin dall'inizio, con quel faro che illumina il titolo *INLAND EMPIRE*, Lynch mette in risalto il fatto che ci troviamo di fronte a una rappresentazione. La luce che compare dal buio può essere associata a quella del proiettore all'interno di una sala cinematografica.

La conoscenza e l'immersione in un nuovo mondo parte da questo fascio di luce in un nero profondo. Da questo punto in poi lo spettatore si troverà in una dimensione diversa, varcherà la soglia per un altro universo.

Nel film si presenteranno più volte i fari che illuminano la scena e le fessure da cui poter sbirciare. Ogni volta che si presenteranno le protagoniste potranno osservare la rappresentazione di loro stesse. Da ogni foro si aprirà una nuova storia, una possibilità diversa di raccontare un fatto o un'emozione.

INLAND EMPIRE non è solo costellato di luoghi misteriosi ma anche di volti enigmatici e perturbanti.

Lynch, per tutto il film, usa frequentemente il primo piano o il primissimo piano, con cui si avvicina, o meglio, si insinua nelle facce dei personaggi.

Già a partire dal dialogo fra la Vicina e Nikki Grace la telecamera si avvicina così tanto ai due volti femminili in modo da coglierne qualsiasi smorfia della bocca o qualsiasi battito di ciglia.

I volti saranno i protagonisti principali del film in cui la macchina da presa si perde, alla continua ricerca di risposte sull'identità e i sentimenti di chi ha di fronte.

Questa esplorazione si rivela fallace poiché condotta con una vicinanza eccessiva che non porta risposte, ma ulteriori domande. Si perde di vista l'insieme, la totalità dello spazio, delle situazioni, per entrare completamente dentro a quello che è lo spazio emotivo che ogni faccia esprime.

Un'operazione che Lynch ha reso ancora più efficace grazie all'uso della videocamera digitale e della sua bassa risoluzione.

Ora sto usando una videocamera Sony PD-150, che offre una resa di immagine inferiore rispetto al modello HD. L'adoro questa definizione e adoro le videocamere compatte. È la qualità che ricorda i film degli anni Trenta. Agli inizi, infatti, l'emulsione della pellicola era piuttosto mediocre, così le immagini sullo schermo erano meno dettagliate. Il risultato che ottieni con una Sony PD è abbastanza simile: zero alta definizione.
A volte quando non riesci a capire cosa vedi o cioè una zona d'ombra, la mente può lasciarsi trasportare dalla fantasia. Se invece nel fotogramma è tutto estremamente nitido, cosa resta da immaginare? Nulla[45].

---

45 D. Lynch, *In acque profonde. Meditazione e creatività*, Milano, Mondadori, 2008, cit., p. 167.

Il contatto fra la videocamera e i personaggi si fa quasi palpabile, oltre a una sensazione visiva possiamo percepirne anche una tattile, rendendo lo spazio filmico e quello spettatoriale talmente vicini da risultare quasi comunicanti.

Il primo piano lynchiano rappresenta al meglio quel primo piano-volto con cui Deleuze identificava l'immagine affezione.

Il volto non ha niente a che vedere con un oggetto parziale, non rappresenta un dettaglio particolare di un insieme più ampio, ma lo estrae *da ogni coordinata spazio-temporale, lo eleva allo stato di Entità*[46]. In universo filmico in cui anche la dinamica narrativa è slegata dalle leggi dello spazio e del tempo, il volto non fa altro che elevare alla potenza questa libertà dalle dinamiche della causalità e diventa uno degli espedienti per i continui passaggi fra mondi diversi.

Le facce di cui *INLAND EMPIRE* si trova affollata sono ancora più distorte, trasformate, sezionate, disumane, che in qualsiasi altro film di Lynch.

Laura Dern riesce a muoversi fra protagoniste e situazioni diverse usando principalmente le espressioni facciali, dando prova della sua plasticità, che Lynch aveva già ammirato in *Velluto blu*, in cui la faccia della povera Sally si deformava mostruosamente in un momento di pianto e angoscia.

Più che all'interno di spazi angusti e inesplorati, ci troviamo a dover vagare tra un volto e un altro, nella speranza di un dettaglio che ci sveli qualcosa. I primi piani fissi, immobili, riprendono il più delle volte dei volti esitanti, congelati, dubbiosi, desiderosi quanto noi di scoprire qualche cosa in più di loro stessi e di ciò che li circonda.

Nel mare delle possibilità che il film ci propone il primo piano diventa la funzione espressiva che meglio di tutte riesce a condurci in un mondo in cui abbiamo perso qualsiasi capacità di orientamento.

---

46 G. DELEUZE, *Cinema 1. L'immagine-movimento*, Milano, Ubulibri, 1984, cit., p. 131.

Il volto in primo piano perde le sue tre funzioni cardine, quella individuante (che distingue e caratterizza ognuno), quella socializzante (che manifesta un ruolo sociale) e quella relazionale (che assicura non soltanto la comunicazione tra due persone, ma anche, in una stessa persona l'accordo interiore tra il suo carattere e il suo ruolo)[47] diventando *segno del Possibile*[48].

Poiché l'identità del soggetto dipende dal suo essere e dal suo interagire all'interno della sfera pratica e relazionale del film, l'immagine affezione, che tende ad astrarre il volto dalla situazione in cui si trova il personaggio, ne causa il suo indebolimento identitario.

I volti non garantiscono più il riconoscimento di se stessi e degli altri. Avvicinarsi a loro per scrutarli e analizzarli non ci porta altro che a nuovi interrogativi e diventa impossibile per chiunque rispondere alle varie protagoniste del film che domandano frequentemente: *"Guardaci e dicci se ci hai mai visto prima"*.

In *INLAND EMPIRE* l'immagine-affezione sospende l'individuazione, unisce più persone, le assorbe. Nikki, Sue, la Prostituta, la Lost girl, comunicano attraverso i loro volti grazie a cui i loro mondi riescono a interagire, a non risultare mai spezzati.

Lynch tenta di fare un ulteriore esperimento, rendendo il volto talmente invasivo da attraversare quasi lo schermo cercando di far confluire anche lo spettatore in questo mondo.

Accade per almeno due volte che gli sguardi delle donne si rivolgano direttamente in macchina. La prima volta nella Sequenza 43, quando prima Lanni e poi Lori si avvicinano allo schermo chiedendo a Sue, ma forse direttamente a noi: *"Chi è quella?"*.

---

47 *Ivi*, p. 122.

48 R. De Gaetano, *Il cinema secondo Gilles Deleuze*, Roma, Bulzoni, 1996, cit., p. 37.

Nell'oscurità della sala cinematografica le domande delle due donne sembrano indirizzate proprio verso di noi e la sensazione che si ha, a una più attenta analisi del film, è che, come spesso accade, Lynch abbia voluto giocare con lo spettatore.

Nella nostra assurda ricerca di voler capire ogni simbolo e ogni personaggio che si trova nel film, il coinvolgimento a cui ci richiamano Lanni e Lori sembra più un gioco che il regista compie per confonderci ancora di più le idee, per portarci a pensare al significato di quella scena, come se fosse fondamentale per l'effettivo svelamento del mistero che regna in *INLAND EMPIRE*.

Questa domanda ci viene posta all'incirca a metà film, suggerendoci che quello che vedremo dopo ci aiuterà a capire cose che finora ci sembravano oscure e che verrà svelata l'identità della donna assassinata.

Lynch si prende gioco del nostro modo di guardare i suoi film, sempre incentrato sulla ricerca di uno scioglimento che finalmente ci permetta di comprendere, di sentirci un po' più tranquilli sulla nostra capacità di poter dare un significato a tutto.

Mentre con *Mulholland Drive* questo meccanismo di frammentazione e ricostruzione dei nessi di causa ed effetto era stato ricomposto da alcuni critici, come a esempio Bertetto, che, in una delle sue interpretazioni, aveva visto il film composto essenzialmente da due sezioni definite, una rappresentante il sogno e una la spiacevole realtà[49], con *INLAND EMPIRE*, il regista ci dice che non sarà tanto facile cercare di semplificare o banalizzare ciò che vediamo. Questa volta i passaggi di mondi, di scena e di vita sono talmente tanti e contorti che farne una mappa coerente diventa praticamente impossibile. Ci dobbiamo arrendere all'insufficienza dei no-

---

49 P. Bertetto, *L'analisi interpretativa. "Mulholland Drive" e "Une femme mariée"*, inserito all'interno di P. Bertetto, (ed.), *Metodologie di analisi del film*, Roma-Bari, Laterza, 2006.

stri strumenti critici, delle nostre coordinate razionali, abbandonandoci all'idea che non c'è una soluzione coerente o unica ma una serie indefinita di ipotesi.

Lynch ci osserva una seconda volta, attraverso i protagonisti in scena, in una delle ultime sequenze del film, la numero Sessantaquattro.

Nikki, uscita dallo stage 4, in cui stava girando una scena di *On high in blue tomorrows*, si gira con lo sguardo rivolto verso la macchina da presa. L'inquadratura si allarga e vediamo che il suo sguardo è indirizzato verso la Lost girl, che ha un sussulto.

Nikki sembra sentirsi gli occhi addosso, sente che qualcuno la sta osservando. In questo momento non chiama in causa solo l'universo filmico ma si rivolge direttamente allo spettatore in sala. Gli scambi che avvengono durante tutto il film fra i primi piani delle protagoniste, questa volta cercano un contatto con noi. Fra il mondo reale e quello della simulazione il confine si è azzerato e potenzialmente potremmo vedere Nikki aggirarsi nel posto in cui ci troviamo.

Nella sequenza successiva, infatti, la ritroviamo all'interno di una sala cinematografica mentre sta osservando il film di cui è, nello stesso momento, protagonista. È contemporaneamente attrice e spettatrice, crea il ruolo da interpretare, le azioni che compie, agisce e si rivede.

In questo momento assume il nostro punto di vista. Rimane stordita davanti allo schermo forse chiedendosi ,come abbiamo fatto noi fino a ora, il significato di ciò che abbiamo visto, forse aspettando una fine in cui poter raggiungere una spiegazione.

Ma il film non è finito, il suo ruolo non è terminato, sta osservando una storia *in fieri*, esattamente come sta accadendo a noi.

Stiamo infatti assistendo a un film il cui inizio e la cui fine non sono mai rivelati, in cui siamo noi a creare una trama, una direzione, un senso, o meglio, numerose trame, numerose direzioni, numerosi sensi.

Nikki sceglie una porta, segue delle scale che non sa ancora dove la condurranno, allo stesso modo in cui noi possiamo scegliere fra le numerose chiavi di lettura, creando la nostra fabula personale, cercando di scomporre e ricomporre i pezzi.

Quello che stiamo vedendo e che ha visto Nikki, ma anche la Lost girl, non è una storia, ma la possibile genesi di una storia, senza nessuna gerarchia ma aperta a ogni percorso.

INLAND EMPIRE è soprattutto un film che vuole intraprendere un discorso sullo statuto dell'immagine, sul rapporto realtà-rappresentazione. È un film sul cinema, sulla sua industria e sulle sue dinamiche.

Lynch riprende e consolida l'analisi sul mondo dell'immagine e dell'illusione che aveva iniziato con *Mulholland Drive* ambientando ancora una volta la storia a Hollywood e scegliendo come protagonista un'attrice, come lo era Diane nel film precedente.

Diane/Betty era un'aspirante stella che si affacciava per la prima volta alla mecca del cinema, piena di speranze e sogni di gloria, desiderosa di comparire sul grande schermo. Nikki/Sue è invece un'attrice già affermata, probabilmente in un momento non particolarmente roseo della sua carriera, ma in procinto di iniziare un film che, secondo l'opinione del regista Kingsley, la riporterà fino alla vetta, tra le stelle.

Il loro (e il nostro) percorso, che si dipana fra numerosi mondi, caratterizzato da molteplici strade che aprono porte e scenari diversi, inizia per entrambe a partire da una scritta, Hollywood, icona per eccellenza di magia.

Da questo punto in poi si troveranno a interpretare dei ruoli, a essere se stesse ma contemporaneamente altre: una volta varcata la soglia la loro personalità si moltiplicherà.

Lynch inserisce anche se stesso, il suo lavoro e l'industria cinematografica con cui si trova a dover lavorare e, spesso, a scontrarsi. Mette a nudo i segreti, le dinamiche, le imposizioni di quella che è la grande macchina cinema e il potere delle case di produzione.

In *Mulholland Drive* il giovane regista Adam Kasher si trovava costretto a dover scegliere come protagonista del suo film, *The story of Sylvia North*, Camilla Rhodes, obbligato dai produttori. Durante un acceso colloquio, in cui gli veniva imposta proprio la scelta della ragazza, uno dei fratelli Castigliane, i produttori del film, dopo l'ennesimo cenno di disappunto da parte del regista, sputa il caffè su un fazzoletto dicendo "*merda*". La scena ricorda, a suo modo, un aneddoto che Lynch riporta nel suo libro "In acque profonde. Meditazione e creatività", che riguarda proprio *Mulholland Drive*, nel momento in cui doveva superare l'approvazione della ABC per mandarlo in onda come serie tv.

Venni a sapere che il funzionario della ABC incaricato di approvare la puntata pilota la guardò alle sei del mattino. Guardava il teleschermo dall'altra parte della stanza, mentre faceva alcune telefonate con una tazza di caffè in mano. Quello che vide non gli piacque, lo annoiò. E così, pollice verso[50].

Il giudizio denigratorio sul caffè, grande passione di David Lynch, diventa una metafora di quello sul proprio lavoro.

Questo rapporto conflittuale con l'industria hollywoodiana, che impone le sue regole e cela numerose informazioni, viene sottolineato anche in *INLAND EMPIRE*.

Il regista Kingsley, al momento di presentare il copione ai due attori protagonisti, confessa che ci sono alcune notizie riguardo al film che non ha ancora rivelato loro.

Kingsley svela che *On high in blue tomorrow* è in realtà un remake e che è venuto a scoprirlo grazie al suo assistente, Freddie.

Lynch sottolinea come si nasconda qualcosa di subdolo nell'industria cinematografica, che spesso cela i progetti, lasciando i diretti interessati all'oscuro di tutto. Lancia una critica verso un certo atteggiamento tenuto dalle case di produzione, che considerano il regista solo come una pedina,

---

50 D. Lynch, *In acque profonde. Meditazione e creatività*, Milano, Mondadori, 2008, cit., p. 125.

impedendogli di avere il completo controllo e la totale consapevolezza del lavoro che si appresta a fare. Comportamento che ha subito nella propria carriera, in particolare durante la lavorazione di *Dune*, in cui era stato estromesso al momento di effettuare il montaggio finale. Quanto accaduto lo ha spinto alla ricerca di produttori che gli garantissero una libertà assoluta e una piena fiducia nelle sue idee, come la francese Canal Plus, con cui ha lavorato per i suoi ultimi due film. Un'autonomia lavorativa che il regista ha sempre considerato fondamentale, a partire da *Eraserhead*, film per cui aveva dedicato tutto il suo tempo e, soprattutto, tutto il suo denaro, fino addirittura a perdere la casa, costretto a dormire sul set e a racimolare soldi da amici o parenti, come il bizzarro Freddie di *INLAND EMPIRE*.

I lavori che Lynch ha portato avanti negli anni si sono indirizzati verso l'obiettivo di rappresentare in maniera più totale se stesso e il proprio immaginario. E quei film più commerciali, meno lynchiani in senso lato, hanno avuto il compito di portare un po' di denaro nelle casse del regista americano, un po' di visibilità popolare, che gli potessero garantire la completa libertà di fare davvero ciò che amava, senza dover sottostare a compromessi.

Con *INLAND EMPIRE*, Lynch sembra proprio aver trovato il punto di svolta del suo modo di operare e pensare il cinema. Grazie all'uso delle videocamere digitali, il regista raggiunge finalmente la completa libertà per realizzare qualsiasi pensiero abbia in testa, anche il più ardito, il più lontano da ogni intento commerciale.

Amo girare filmati con videocamere digitali, come faccio al momento. Avendo un sito web, ho iniziato a compiere piccoli esperimenti per il sito con le videocamere compatte, pensando in un primo momento che fossero dei giocattoli e non servissero a molto. Invece a poco a poco mi sono accorto che in realtà servono eccome; almeno, per me è così. Hai un'autonomia di quaranta minuti di ripresa, con messa a fuoco automatica. Sono leggerissime. E puoi vedere subito ciò che hai appena girato. Per il film devi andare nel laboratorio di sviluppo e stampa e solo il giorno successivo puoi vedere le riprese; invece, con le videocamere digitali, appena hai finito puoi scaricare il girato sul computer e metterti subito a lavoro. (…) Sono strumenti che offrono un grandissimo controllo sul lavoro. Iniziai a pensarci su e sperimentare. (…) Anche se il filmato non sembra esattamente quello girato su pellicola, il risultato è di gran lunga migliore di quello che avessi mai immaginato. Quando entri nel mondo del digitale, fatto di attrezzature piccole e leggere come una piuma e dotate di messa a fuoco automatica, risulta troppo d'impaccio lavorare con la pellicola. Le cineprese 35 mm iniziano a sembrarmi dinosauri. Sono enormi, pesano tonnellate e devi poterle trasportare. C'è una marea di cose da fare, e tutto procede troppo lentamente[51].

Ma questo passaggio verso una totale autonomia include non solo un modo diverso di fare cinema ma anche una maniera diversa di pensare il cinema.

Con *INLAND EMPIRE,* prosegue la ricerca e l'interesse verso il valore delle immagini che Lynch aveva già intrapreso con *Strade perdute* e *Mulholland Drive.*

Il filmato che, in *Strade perdute*, mostrava Fred come autore del mostruoso omicidio della moglie dava la possibilità di iniziare un discorso sulla verità delle immagini.

Fred diventa consapevole del proprio atto solo dopo aver guardato se stesso sullo schermo televisivo. La realtà si palesa grazie ai media, grazie alla registrazione degli eventi, sfuggendo alle lacune della memoria umana.

Una realtà che diventa autorevole e garantita dalla obiettività del mezzo. È la televisione che ci dice cosa è reale e cosa non lo è, che certifica ciò a cui dobbiamo credere. Una volta che le immagini si trovano davanti ai nostri occhi il nostro pensiero si muove inevitabilmente nella direzione di credere a ciò che vede, perché sembra impossibile negare ciò che la riproduzione ci mostra.

Con *Mulholland Drive* continua l'analisi sulla proliferazione delle immagini e sulla loro veridicità.

Betty entra nell'universo delle illusioni, Hollywood, per realizzare il suo sogno di diventare un'attrice. La ragazza rimane intrappolata nell'immaginario hollywoodiano, la contaminazione fra realtà e rappresentazione si fa sempre più evi-

---

51 *Ivi*, cit., pp. 161-162.

dente. Il cinema diventa l'unico luogo per mettere in scena i propri desideri rubando questo ruolo a una realtà sempre più piatta e insignificante, a cui sfuggire completamente.

Ma il rischio è quello di addentrarsi troppo nel mondo del falso per poi non essere più in grado di uscirne. Al Club Silencio lo spettacolo si rivela un monito per la povera Betty: quello che stai vivendo è una rappresentazione, il tuo è solo un ruolo, un personaggio.

Il film propone tutta una serie di riflessioni sull'essenza delle immagini che ci vengono mostrate dai media, ma soprattutto dalla televisione (*Mulholland Drive* era nato, infatti, come serie tv), sull'ostentazione di verità che ci viene presentata. Oggi più che mai quello che vediamo ci viene garantito come reale, dal telegiornale, agli show (sempre più *reality*) fino ai film, che in più di un'occasione presentano *trailer* in cui si sottolinea che la storia si basa su fatti realmente accaduti.

Anche Lynch in un certo modo opera in questa direzione: ci fa entrare nel mondo di Betty, fatto di sogni e desideri che si stanno esaudendo, ci fa credere che questa è la storia in cui ci dobbiamo immedesimare, questa è la vera storia di Betty. Ma in un attimo quello che finora avevamo creduto essere il film si trasforma nel suo esatto contrario. In un attimo, quella che credevamo essere la realtà si dissolve.

Lynch lancia un avvertimento, il consiglio di non lasciarsi completamente catturare da tutto quello che ci viene mostrato, ma riflettere, pensare che quello che vediamo è solo una delle tante possibilità che potevano essere messe in atto di fronte ai nostri occhi. Dobbiamo essere attivi nei rapporti con i media, cercando di non farci mai congelare in uno stato di inerzia. I mezzi di comunicazione operano con strumenti che permettono di costruire e veicolare messaggi. Dalla televisione alla radio, dal cinema a internet, siamo già indirizzati verso un'idea prestabilita.

Lynch vuole sovvertire questo modo di operare, dobbiamo essere partecipi e non succubi di quello che ci viene proposto.

Con *Mulholland Drive* il regista americano ci suggerisce diverse domande.

Se ciò a cui abbiamo assistito fino a ora fosse stato costruito in maniera diversa? Se le parti del film fossero state invertite? Se la storia fosse iniziata con Diane, triste e depressa, e si fosse conclusa con Betty, allegra e piena di speranze, avremmo avuto la stessa idea sulla storia?

Sono domande applicabili a qualsiasi immagine ci troviamo di fronte e a cui dovremo porci in maniera più analitica, cercando di cogliere il modo in cui certi significati ci sono mostrati o, sempre più spesso, imposti.

Il cinema, nelle mani di Lynch, diventa un mezzo che supera il semplice fine narrativo, si pone oltre il mero intento del mettere in scena una storia, per seguire invece un'analisi sulla visione e sull'atto interpretativo.

Il cinema e la sua capacità di creare mondi e racconti si trovano nello stesso stato in cui si trova la ragazza di *Mulholland drive*, distesa da giorni nel suo letto, morta e in putrefazione. Lynch ha più volte ripetuto che il cinema, il cinema di genere, fondato su una struttura classica, è morto e non resta altro che prenderne coscienza e andare avanti, cercare altre strade in cui il mezzo si possa esprimere.

Con *INLAND EMPIRE* sembra compiersi la nascita verso una nuova vita e una nuova concezione di cinema.

Come si è già sottolineato più volte, il film diventa l'esempio perfetto di come non si voglia raccontare una storia ma lo sviluppo di una storia, il suo divenire. Quello che viene mostrato è l'impossibilità di creare un organismo narrativo definito.

Hollywood non ha più la capacità di creare favole eterne, miti indistruttibili. Qualsiasi storia è ormai già stata mostrata, filmata numerose volte. Il cinema è diventato un produttore inesauribile di remake, come quello che si appresta a girare uno stizzito, ma anche ironico, Devon Berk. Continua a riproporre gli stessi film, le stesse dinamiche narrative, in un meccanismo inesauribile di citazioni da cui non riesce a uscire. Lo spettatore si trova a dover vedere qualcosa che ormai ha già sperimentato e a cui reagisce in maniera codificata, abituato a un mondo di immagini in cui tutto si assomiglia e a cui è diventato insensibile e impassibile.

Uno spettatore che ha bisogno di essere rieducato, a cui si deve permettere di usare nuovamente il suo occhio critico, reso inerte da una bombardamento eccessivo di immagini.

Lynch è cosciente del modo in cui è cambiata la visione, soprattutto quella cinematografica, sempre più contagiata e influenzata dal mezzo tv, che sottopone lo sguardo a un flusso continuo di storie, personaggi e rappresentazioni. Così anche *INLAND EMPIRE* è costruito nella maniera in cui è caratterizzata la televisione, cioè il palinsesto.

Il film inizia proprio con la Lost girl di fronte a un televisore, che dopo essersi sintonizzato, inizia a distribuire immagini. Il film si comporterà proprio come il mezzo televisivo, fornendo situazioni che passano da un luogo all'altro, da una *location* all'altra, da un registro a un altro, in un blob di immagini in cui sta a noi creare il nostro personale montaggio.

All'incapacità di Hollywood di dare vita a nuove storie, *INLAND EMPIRE* risponde con la rinuncia al racconto. Il film a partire dalla vicenda di Nikki, a quella di Sue, a quella della Lost girl, a quella della prostituta, è caratterizzato da continui accenni narrativi che hanno un inizio ma che rimangono incompiuti o si riavvolgono su se stessi. Le storie narrate sono sempre incomplete, sono accennate ma mai portate a termine, come la misteriosa casa di Smithee nello stage 4, uno scenario in fase di sviluppo, che aspetta di essere terminato.

Ammettere che il cinema ha ormai perso la sua potenza espressiva non deve essere visto come una scoperta drammatica, ma come una presa di coscienza da cui poter iniziare una ricerca verso nuove potenzialità. Un'ammissione da esprimere con tranquillità, come fa la *homeless* parlando a Sue nel momento massimo della sua agonia: *"Non ti preoccupare stai solo morendo"*. A questa frase seguirà un movimento di macchina che ci mostrerà tutti gli strumenti della messa in scena cinematografica, la macchina da presa, le luci, il set allestito.

Lynch ci dice che per lui questo cinema, fatto di grandi *budget* e strumenti ingombranti, di storie e di star, è superato.

I protagonisti degli oscuri mondi lynchiani non si trovano solo a vagare in luoghi misteriosi e sconosciuti, ma usano anche un linguaggio che si discosta non poco da quello che potremmo definire familiare.

A partire da *The grandmother*, dove la comunicazione fra i personaggi si limitava a latrati animaleschi e urla, per poi passare a *Eraserhead*, in cui i dialoghi erano enigmatici e inquietanti, Lynch prosegue il suo itinerario filmico dotando i protagonisti di un linguaggio che frantuma la tranquilla quotidianità insinuando l'esistenza di qualcosa di sconosciuto e terrificante.

Parlare non significa mai rivelare, ascoltare non equivale a conoscere. Gli scenari lynchiani mostrano dei personaggi che si esprimono con asserzioni, metafore, simbolismi, che non riusciamo a comprendere seguendo un meccanismo logico, ma solo attraverso una dinamica intuitiva, un processo figurale.

Le espressioni idiomatiche che si susseguono nei vari film, da "*I gufi non sono quello che sembrano*", a "*È lei la ragazza*", a "*Il cavallo è arrivato alla sorgente*", sottolineano la complessità dei mondi in cui ci siamo immersi, in cui niente è ciò che sembra e in cui ciò che viene detto ha sempre bisogno di una riflessione.

Il linguaggio perde il suo valore di mezzo espressivo e comunicativo, mostrando faglie e buche che sta a noi ricostruire.

In questo universo non ci sorprenderà trovarsi di fronte a nani che, all'interno di una misteriosa stanza circondata da tende rosse, ci parlano al contrario (*Twin Peaks*), o di fronte a uomini crudeli che urlano e usano un linguaggio scurrile ed esagerato (*Velluto blu*).

INLAND EMPIRE ci mostra, come non mai, tutti gli esempi in cui la parola si perde nei labirinti del significato e dell'interpretazione. Il linguaggio ricalca spesso la struttura (o meglio, la non struttura) narrativa del film, frammentaria e caotica, a cui a un'immagine si sostituisce a un'altra senza una logica causale, proponendo dialoghi in cui i nessi fra domanda e risposta sembrano scivolare via.

La Vicina interpretata da Grace Zabriski è il primo personaggio che parla con un meccanismo che sembra aver perso le proprie coordinate. Passa da una frase a un'altra senza un vero e proprio legame, unendo, a frasi fatte e luoghi comuni, discorsi misteriosi.

Lo stesso modo con cui comunica Freddie, l'assistente del regista Kingsley, che sta sempre attento alle parole giuste da usare per ogni specifica situazione (*"Orribile è del tutto inadeguato come aggettivo"*, *"Piacevole sì, questa è la parola"*), per poi divagare su argomenti che potremmo definire quantomeno curiosi. Freddie unisce varie argomentazioni e ragionamenti in maniera accidentale, dispone e incasella dei frammenti discorsivi, così come nel film sono sistemate e incastonate le immagini più eterogenee, i pezzi apparentemente incomunicabili fra loro.

Così dialogano anche i conigli di *Rabbits*, in un gioco *non sense*, dove domina la non conversazione, l'inconsequenzialità del discorso e dove il vuoto e il silenzio diventano componenti fondamentali di un mezzo che ha perso il suo carattere espressivo.

Tutti i personaggi sembrano incapaci di dialogare e parlare con gli altri, fra gli individui c'è incomprensione, incapacità di ascoltare. La comunicazione sembra improbabile, le parole che escono dalla bocca degli interlocutori si trasformano in enigmi incomprensibili, in mondi distanti in cui non si riesce a entrare.

Nikki si trova stordita e confusa dalle storie che, con aria minacciosa, le racconta la Vicina; il parlare strampalato di

Freddie lascia in ogni occasione a bocca aperta gli altri, incapaci di obiettare; la donna con il cacciavite infilato nella pancia racconta la sua storia al poliziotto senza ricevere risposta. Il silenzio diventa l'unico mezzo di comunicazione a cui si arriva distruggendo *la materialità arbitraria della superficie delle parole*[52], ormai diventate evanescenti. Il dialogo risulta impossibile, il linguaggio non ha più basi solide ma si sfalda all'interno di un immaginario in cui ogni elemento si presenta molteplice, frammentato e in cui qualsiasi forma di unità non ha più senso. A ogni significante corrispondono una marea di significati, ognuno dà la sua personale interpretazione delle parole e l'ascolto non certifica assolutamente la comprensione.

La Sequenza 20 diventa simbolica in questo senso. Piotrek, in un discorso minaccioso con cui intima a Devon di lasciar perdere qualsiasi approccio con sua moglie, gli dice *"Io continuo ad ascoltarla ma non la sento"*. Devon impaurito e stupito gli risponde *"Non sono così sicuro di capire"*.

INLAND EMPIRE è l'impero dei dialoghi indecifrabili, delle parole inspiegabili e le conversazioni sono apparenti, mascherano quello che è l'unico linguaggio attuabile: il monologo.

Il più delle volte i personaggi parlano con se stessi, con la propria coscienza, in un soliloquio in cui i pensieri fluttuano e si muovono liberamente, anche se la rappresentazione filmica ci porterebbe a pensare a un dialogo con gli altri presenti nella scena. Come, a esempio, nella Sequenza 11, quando Devon, dopo aver partecipato al *Marylin Levens Starlight Celebrity Show*, si trova nel camerino con il suo agente e con altri assistenti.

---

52 S. BECKETT, *Lettera a Axel Kaun. Come le pause nere di Beethoven*, Lettera scritta in tedesco; edita in «Disjecta», London 1983. Traduzione di Christine Jacquet Pfau e Carlo Ossola, cit.

Agente: *"Allora, Devon, questa qui è off-limit, è chiaro? Non ci pensare nemmeno, perché se non ti ammazzo io lo farà suo marito, quello è una potenza qui in giro. Sa tutto quello che succede, non c'è una cosa di cui non sia al corrente, potrei raccontarti storie da farti accapponare la pelle. Quindi ascoltami quando ti dico: con quella Nikki tienitelo nelle mutande."*

Devon: *"Di che cazzo state parlando?! È carina, ma è anni luce dal mio genere. Non fa neanche ridere".*

Assistente n°1: *"Magnifico Devon. Grandioso. Così possiamo dormire stanotte".*

Assistente n°2: *"Devi ammettere però, dai, che ha un culo stratosferico".*

Tutti: *"Eeeehh".*

Le frasi dei quattro uomini sembrano avvicinarsi di più a un monologo interiore di Devon che a un effettivo dialogo. L'attore, rinomato playboy, sta cercando di distogliere la sua mente dai pensieri peccaminosi che la sua indole di *piccolo demonietto*, come lo aveva apostrofato Marylin Levens, lo inducono a fare. Devon si esprime in un flusso di coscienza in cui coloro che lo circondano servono solamente a dare voce ai suoi pensieri, ai suoi desideri.

In *INLAND EMPIRE,* gli altri non rappresentano delle entità separate dai personaggi principali (Nikki, Devon, lo stesso Kingsley), ma sono solo delle loro rappresentazioni differenti, delle diverse possibilità di loro stessi.

Le donne da cui si trova circondata Nikki/Sue nella Smithee house non raffigurano altro che delle proiezioni del proprio Io. Nikki/Sue non conversa mai con loro, le ascolta, angosciata e tormentata. Ascolta le loro chiacchiere, che, in realtà sono le sue, che vagano nel suo inconscio in uno *stream of consciousness* in cui si sommano sentimenti, dubbi, dolori.

L'unica possibilità di una conversazione la concede il cinema, la rappresentazione, con le sue sceneggiature scritte, con i suoi copioni già organizzati.

Possiamo assistere ai dialoghi più lunghi e articolati, più intensi e ricchi di *pathos* (ma anche di ironia), nei momenti in cui assistiamo alla registrazione delle scene di *On high in blue tomorrows*.

Nikki e Devon al momento di vestire la maschera di Sue e Billy riescono a conversare, parlare, esprimere le proprie emozioni. Ma il loro dialogo è fittizio, retorico, esempio evidente di un linguaggio cinematografico denso dell'artificiosità del genere melodrammatico che, tuttavia, nell'universo dell'incomunicabilità, diventa l'unico possibile, tanto che i protagonisti se ne appropriano e lo credono reale.

Nella Sequenza 24 B, Nikki, nei panni di Sue, sta recitando una scena in cui, visibilmente turbata, dice a Billy: "*È successo qualcosa. Credo che mio marito sappia di te, che sappia di noi. Ti ucciderà e ucciderà me. Lui…. Dio santo, sembra un dialogo preso dal nostro copione…*".

Il confine fra i mondi e fra le identità si sta assottigliando, Nikki non è più in grado di scindere se stessa dal ruolo che sta interpretando. Di questo abbiamo un'ulteriore conferma nella Sequenza 26 B, quando vediamo Nikki a letto con Devon. La donna, dopo uno strano racconto su una scena che aveva girato, si rivolge a Devon: "*Devon sono io, Nikki*" e l'uomo risponde: "*Non ha alcun senso, che succede Sue?*".

Come era già successo in *Mulholland Drive*, anche qui il nome perde la sua funzione di garanzia identitaria, di strumento che assicura il riconoscimento delle persone, diventando l'elemento principale con cui mettere in evidenza lo sgretolarsi della personalità nel panorama post-moderno.

INLAND EMPIRE è anche il luogo dove si incrociano e si scambiano lingue diverse.

Lynch aveva fatto uso di lingue straniere anche in *Mulholland Drive*, nella ormai famosa scena del Club Silencio, in cui il mefistofelico presentatore annunciava in tre lingue lo spettacolo: "*No hay banda… There is no band… Il n'y a pas de orquestra*".

Come ricordato precedentemente, si tratta della medesima espressione ma, al tempo stesso, di tre proposizioni differenti: è un esempio di come all'identico sia unito il diverso.

Anche in *INLAND EMPIRE* l'uso della lingua straniera, in questo caso il polacco, opera seguendo l'idea della ripetizione differente. Tutte le storie a cui stiamo assistendo non sono altro che probabili sviluppi da cui si diramano e divergono plurime possibilità e quindi anche l'utilizzo di diverse tipologie di lingua ha il valore di affermare la pluralità delle scelte a cui ci troviamo di fronte. Ma utilizzare lingue diverse sottolinea, anche, come i personaggi, nel tentativo di comunicare con gli altri, sono sempre sottoposti a un lavoro di traduzione, anche quando apparentemente si trovano a usare lo stesso lessico. Ognuno si trova costretto a svolgere un'operazione di decodifica delle frasi e dei pensieri altrui, di comprensione dell'altro, ma anche di se stesso. Di fronte a espressioni contorte, apparentemente insensate e folli, gli ascoltatori non rimangono indifferenti, ma sembrano turbati, scossi, come se nelle parole dell'altro ritrovassero qualcosa di se stessi. L'altro è simbolo del perturbante, conduce sempre verso una condizione di spaesamento, fa riemergere pensieri e dolori nascosti, che i personaggi avevano tentato di celare ma che il rapporto col mondo esterno ha inevitabilmente portato a galla.

La sequenza che mostra maggiormente questa sentimento di inquietudine è il già citato dialogo fra la Vicina e Nikki. La donna, in visita alla casa dell'attrice, le racconta due storie, anzi, una storia che ha due versioni.

"Un bambino un giorno andò fuori a giocare. Quando aprì la porta di casa, vide il mondo. Nel passare attraverso la porta per uscire, egli causò un riflesso. Il male era nato. Il male era nato e seguiva il bambino. (…) E c'è un'altra versione. Una fanciullina andò fuori a giocare. Si perse nella piazza del mercato. Come una creatura incompiuta. Cioè non era la piazza del mercato; lei lo sa questo, vero? Ma era il vicolo appena dietro la piazza del mercato. Quella è la via che conduce al palazzo. Ma non è qualcosa di cui lei si possa ricordare."

Nikki potrebbe trattare la donna come una pazza e non dare peso a certe parole. Invece rimane sconvolta, quelle storie sembrano avere un significato per lei, qualcosa che sta cercando di ricordare, qualcosa che doveva rimanere segreto ma che sta venendo alla luce[53]. Le due narrazioni mostrano come lo stesso concetto si può esprimere in modi diversi, come una storia può essere raccontata con variabili ed elementi differenti.

Il film propone però anche il concetto opposto e cioè come una singola proposizione può presentare significati doppi o molteplici.

È proprio il titolo del film che si apprestano a girare Nikki Grace e Devon Berk, *On high in blue tomorrows*, che crea più possibilità interpretative.

Alla parola *blue* possiamo attribuire diversi significati: *blu*, *azzurro* ma anche *triste*. Nel caso specifico del film in questione *Blue* è anche il cognome della protagonista, Susan.

Sembra quasi da escludere che *blue* in questo caso sia traducibile con blu, poiché l'aggettivo è direttamente collegato alla parola *tomorrows*, cioè domani, e quindi il significato più pertinente sembra quello di tradurre *blue tomorrows* con *bui (tristi) domani*. Non dobbiamo però dimenticarci del nome della protagonista che potrebbe far assumere alla parola *blue* un significato ambivalente e rendere *blue tomorrows* si possa tradurre sia con *bui domani* sia con *i domani di Blue*, cioè, di Susan Blue.

Sembra utile a questo proposito citare il saggio di Derrida, *Des tours de Babel*, in cui il filosofo francese si dedica in maniera tematica al problema della traduzione.

Il titolo, *Des tours de Babel*, rappresenta un sintagma intraducibile, poiché le parole si possono tradurre in diverse maniere: *des tours* si può tradurre tanto con *dei giri* (intorno alla Torre) quanto con *delle torri* (di Babele), ma anche con *del-*

---

le performances, dei ritorni. Inoltre, nella pronuncia *détours* si aggiunge il significato di *deviazioni* o, in senso figurato, di *sotterfugi.* Tutte interpretazioni legittime che hanno rappresentato una vera trappola per i traduttori tanto che *Des tours de Babel* è rimasto il titolo intraducibile del saggio in qualsiasi lingua sia stato tradotto.

L'utilizzo di questa frase idiomatica mostra come *prima della babelica confusione tra le lingue, vi è una pre-babelica confusione nelle lingue, in ogni singola lingua: a cominciare dalla confusione tra nome proprio e nome comune che affetta la parola Babele, poiché essa, oltre a essere un nome proprio, vuol dire anche, al tempo stesso, confusione*[54].

Allo stesso modo il titolo del film, *On high in blue tomorrows*, mostra una molteplicità di significati contenendo al suo interno la parola *Blue* che, allo stesso tempo rappresenta un nome, o meglio un cognome, proprio e un nome comune.

Usando ancora una volta le parole di Derrida, possiamo dire che ogni lingua non è più una ma è più di una (*Plus d'une langue*). Tradurre qualsiasi frase è in realtà un atto di trasformazione *e di trasformazioni di trasformazioni, che* modificano *e aprono verso ulteriori trasformazioni, cioè verso l'a-venire*[55]. Il titolo del film, *On high in blue (Blue) tomorrows* diventa così un elemento fondamentale che sottolinea la pluralità di cambiamenti e interpretazioni a cui è sottoposta una frase, ma anche una storia. È uno dei tanti simboli che evidenziano come la storia in cui ci stiamo per immergere non avrà una narrazione e un senso unico, ma sarà opinabile e aperta a qualsiasi spiegazione e giudizio.

Di duplice traduzione o interpretazione è anche il titolo del film di Lynch, *INLAND EMPIRE*, che al tempo stesso rappresenta un nome proprio, cioè la regione nei pressi

---

54 C. Di Martino, *Il problema della traduzione, a partire da Jacques Derrida,* nella rivista on-line"Doctor virtualis", n. 7, 2007, cit., p. 68.

55 *Ivi,* cit., p. 69.

di Hollywood, ma anche un termine che può essere tradotto con *impero interiore*, o come nel titolo italiano, *impero della mente*.

Lynch ha voluto che il titolo fosse scritto esclusivamente con lettere maiuscole, *INLAND EMPIRE* e non *Inland Empire* o *Inland empire*. Il termine scritto con entrambe le iniziali maiuscole avrebbe fatto pensare inizialmente all'area urbana californiana, mentre scritto solamente con la iniziale *i* maiuscola avrebbe spinto verso la traduzione generica di impero interno. Lasciare che tutte le lettere presenti nelle due parole fossero scritte maiuscole significa non preferire e non veicolare specificatamente nessuna delle due traduzioni, ma entrambe.

Già a partire dal titolo, quindi, Lynch non ci dà sicurezze, ma ci pone domande, ci stimola a fare delle supposizioni. Ci dice che il mondo dentro cui ci condurrà è un mondo reale, ma anche inconscio, un mondo fisico, ma anche spirituale. Tutto quello che ci verrà mostrato non dovrà essere compreso a partire da un'unica interpretazione ma dovremo lasciarci andare alle plurime possibilità che quell'universo ci propone.

INLAND EMPIRE è in California, è in Polonia, è in qualsiasi luogo lo immaginiamo.

Lynch, come già ricordato nel primo capitolo, si inserisce in quel movimento che comunemente viene definito postmoderno, le cui caratteristiche e sfumature sono varie e di difficile catalogazione.

INLAND EMPIRE mantiene alcuni aspetti che contraddistinguono questo tipo di cinema fra cui la frammentarietà, per cui ogni segmento è da considerarsi sullo stesso piano rispetto a tutti gli altri, senza gerarchia narrativa; la circolarità, per cui si tende a favorire la ripetizione a favore della progressione temporale; l'ibridazione, che si basa sulla commistione e la parodia dei generi classici; la perdita di teleologia, cioè la mancanza di scopi nella narrazione con una conseguente assenza di un finale risolutore, o il più delle volte, di un vero e proprio finale; la citazione, cioè il rimando a situazioni cinematografiche o a frasi già presenti al cinema o già incontrate in altri testi letterari, televisivi, musicali.

Quest'ultimo elemento viene usato da Lynch in maniera del tutto personale, non dichiarando mai esplicitamente la fonte (come avviene in Tarantino a esempio, che fa della citazione l'elemento fondante dei suoi film, soprattutto gli ultimi, o di De Palma, che costruisce le proprie storie a partire da una devozione sacrale verso il modello hitchcockiano), ma rendendo i richiami citazionali celati, nascosti, appena accennati.

Lynch non crea il proprio testo filmico come un oggetto che esaurisce il proprio fine nell'atto della visione, come avviene per la quasi totalità dei film postmoderni; essere spettatori dei suoi film non significa partecipare a un semplice gioco di riconoscimento di citazioni e di rimandi vari.

Il suo cinema, e *INLAND EMPIRE* in particolar modo, ci conduce verso un'esperienza emotiva e sensoriale, che non si offre in maniera docile al gusto dello spettatore casuale e nemmeno a una facile lettura critica. In uno scenario cinematografico che propone prodotti spettacolari senza elaborazione estetica, che spesso esauriscono il proprio valore nel loro aspetto paratestuale, Lynch propone un'opera che si preoccupa di stimolare letture e interrogativi in campi e interessi diversi. Il lavoro critico che ne consegue deve raggiungere quella che Maurizio Grande, nel saggio "L'esplicito e l'implicito della critica", definisce *la sintesi categoriale e stilistica della visione intellettuale e dell'"ascolto critico"*[56], una metodologia di analisi che, seguendo quello che è stato il modello deleuziano, riesca a coniugare temi, motivi e risonanze svariate, con un sistema di raccordi fra metodi di analisi differenti. *INLAND EMPIRE* concede alla critica la possibilità di uscire dal proprio torpore, causato da oggetti di studio sempre meno stimolanti sul piano estetico e simbolico, per confrontarsi con un testo da penetrare e sezionare per sviscerare gli elementi di analisi e le pratiche stilistiche utilizzate.

Ma, oltre che come oggetto critico, il film si presenta anche come uno scioccante oggetto emozionale.

La sua visione si contraddistingue come un'esperienza forte di cui, come sottolinea Fabrizio Tassi, si *potrebbe raccontare per filo e per segno le sensazioni fisiche registrate, perfino quelle degli altri (…). Le fitte allo stomaco, i brividi lungo la schiena, il sospiro che rimane sospeso fra i corridoi bui (benedetto digitale!), il disagio, la testa che gira ad ogni ribaltamento di prospettiva*[57].

Le emozioni e lo sconvolgimento sensoriale che il film provoca sono talmente invasive da non abbandonarci nemmeno al momento dell'uscita dalla sala cinematografica.

L'effetto che quell'impero oscuro e angusto esercita su di noi non si esaurisce dopo le tre ore di visione, ci intrappola fino a

---

56 M. Grande, *L'esplicito e l'implicito della critica,* in "Cinecritica", n. 19-20, maggio-giugno 1991.

57 F. Tassi, *Il cinema sotto la pelle,* in "Cineforum", n. 462, marzo 2007, cit., p. 11.

diventare una sorta di ossessione. Sembra impossibile non avere la tentazione di riattraversare i luoghi e le strade di quello scenario contorto ed escheriano. *INLAND EMPIRE* ci chiede di essere percorso nuovamente, ci impone di essere rivisto, rivissuto più volte, con occhi, emozioni, intuizioni diverse.

> La prima volta che lo vedi provi come uno shock, la seconda volta una vertigine, la terza volta un'esperienza sensoriale, che coinvolge tutti i sensi, non solo la vista, non solo l'udito ma anche il tatto. Perfino l'olfatto (…). Grande esempio di cinema sinestetico. (…), *INLAND EMPIRE* è programmato per essere rivisto (…). Lo devi rivedere. Ed è tanto più forte l'attrazione che il film esercita su di te che più lo guardi, più ti sembra di non capirlo, più ti senti compreso. Quindi la necessità di rimettertici dentro, di rientrarci o di fatti attraversare da lui è talmente forte che puoi entrare in relazione con questo oggetto soltanto avendolo lì e usandolo quando ti viene la voglia (…)[58].

Il film produce un vero e proprio effetto ipnotico, un sentimento frenetico che ci conduce verso la ricerca di risposte e verso la sensazione che nascosti, in lontananza, si celino nuovi snodi, da cui potrebbero sorgere misteri e dubbi ancora più angosciosi.

La struttura rizomatica che lo contraddistingue lo porta a essere potenzialmente aperto a qualsiasi ramificazione, a qualsiasi legame connettivo con un altro impero interiore, contiguo o remoto. I legami fra Sue, Nikki, la Lost girl, Billy, Piotrek, il fantasma, si potrebbero allargare, comprendendo nuovi soggetti, con la loro personale storia e i loro dolori più intimi.

Il finale del film ci suggerisce l'idea che il percorso che abbiamo iniziato, e che hanno iniziato tutti i personaggi presenti, non è che appena cominciato. In quella stanza sfarzosa, dalle tende rosse e dalle poltrone di velluto, ritroviamo la protagonista della storia a cui abbiamo assistito fino a ora, cioè Nikki/Sue/Laura Dern, e le sue immancabili compagne, le prostitute, che, per la terza volta, si esibiscono in un ballo, la cui colonna sonora è *Sinnerman* di Nina Simone.

---

58 G. Canova, Recensione di *INLAND EMPIRE*, video su Youtube.

Ma si mostrano davanti ai nostri occhi anche una serie di personaggi mai visti durante l'intera durata del film, alcuni di questi appena descritti o nominati, come la ragazza storpia, cioè la sorella di Cramp, o Nico, la donna asiatica con la scimmietta, di cui parla una delle *homeless* nel momento agonizzante di Sue. All'interno della stanza del possibile si affacciano nuovi volti, non presenti nel film: quello di Nastassja Kinski, che tiene gli occhi incollati su Laura Dern; Laura Harring, una delle protagoniste di *Mullholland Drive*, che manda un bacio alla protagonista di *INLAND EMPIRE*; Ben Harper, il cantante, marito di Laura Dern, che suona il piano; una ragazza di colore che inscena una performance in playback di *Sinnerman*; un uomo che con una sega sta tagliando un ceppo di legno; altre figure sedute sulle poltrone che assistono a questo spettacolo. Si ha l'impressione che, uscita da quella stanza, questa nuova galleria di personaggi possa dare luogo a nuovi intrecci e condurci in altrettanti luoghi misteriosi, di cui anche noi possiamo fare parte.

Risulta difficile descrivere *INLAND EMPIRE* a parole per il timore di congelarlo in schemi narrativi o mentali che la storia sembra rifuggire. Quei venti minuti finali privi di dialoghi e comunicazione orale fra i personaggi, ma densi di suoni, rumori, atmosfere, che si insinuano nelle nostre orecchie e nel nostro apparato emotivo, sono l'esempio evidente della richiesta di adesione totale alle sensazioni.

INLAND EMPIRE vuole essere *platealmente e volutamente* in una dimensione della comunicazione che *ha la presunzione di scavalcare il regno dell'analisi per naufragare in quello della sintesi (la mente che ragiona in termini di segni, simboli, sensazioni, associazioni libere, intuizioni irrazionali…)*[59]. Siamo vittime e destinatari di una sfida che sostituisce alle nostre

---

59 F. Tassi, *Il cinema sotto la pelle*, in "Cineforum", n. 462, marzo 2007, cit., p. 11.

attese spettatoriali, che tendono verso un godimento e una comprensione, una crisi dei sistemi valoriali e interpretativi.

Non si deve avere la pretesa di ricondurre il film a un ordine logico, cronologico, di nessi casuali definiti, non è necessario trovare una soluzione a quella interminabile ricerca dell'enigma, ma ci dobbiamo lasciar condurre *fino al piacere della sconfitta, alla futilità della soluzione*[60]. Non si tratta di un inerme atto di arresa critica o analitica ma di una presa di coscienza del fatto che il film *sostituisce alla categoria di comprensione quella di assorbimento, in cui lo spettatore è insieme liberato dall'impegno di una ricerca della chiave interpretativa e privato di una guida alla comprensione*[61].

INLAND EMPIRE non deve essere compreso, dobbiamo essere noi a lasciarci *comprendere da lui*, lasciarci *prendere dentro*[62].

Ci troviamo di fronte a un film che si lascia odiare, per l'affronto con cui provoca le nostre sicurezze spettatoriali, ma che, allo stesso tempo, si lascia amare totalmente, se abbandoniamo la nostra presunzione razionale.

Esalta il cinema in tutti i suoi aspetti e le sue forme, mostrandoci come il concetto di storia non sia la sola possibilità a cui deve tendere la settima arte. *INLAND EMPIRE* dà eco alle parole che Fernand Lèger aveva pronunciato riguardo alle potenzialità inespresse del cinema, nel suo saggio *Le spectacle: lumière, couler, image mobile, objet-spectacle-1924*:

Il cinema è giunto a noi con tutte le sue illimitate possibilità plastiche, come invenzione enorme e carica di conseguenze plastiche che, sfortunatamente, sono spesso negate a causa del suo punto di partenza completamente falso.
Il romanzo sullo schermo è un errore fondamentale, e questo dipende dal fatto che la maggior parte dei registi sono per origine e educazione dei letterati.
Malgrado il loro talento indiscutibile, sono bloccati tra un soggetto che deve restare un mezzo e l'immagine mobile che deve essere il fine, ma confondono

---

60 A. Bellavista, *Inland Empire*, in Paolo Bertetto (a cura di), *David Lynch*, Venezia, Marsilio, 2008, cit., p. 128.

61 *Ibidem*.

62 G. Canova, Recensione di *INLAND EMPIRE*, video su Youtube.

spesso le due cose. Sacrificano questa cosa magnifica che è "l'immagine in movimento" per imporre una storia che starebbe meglio in un libro. Si tratta ancora di quel funesto "adattamento" così comodo che nega ogni novità. Eppure i loro mezzi sono infiniti, illimitati, contengono quella possibilità strabiliante di poter personificare e di donare una vita totale ad un frammento; il primo piano è il loro alfabeto, e possono identificare plasticamente un dettaglio. Si tratta di un tale campo di novità che pare inverosimile che se ne disinteressino per preferirgli un soggetto sentimentale.

Lynch esalta le opportunità espressive che contiene il mezzo cinematografico, è cosciente delle possibilità comunicative ed emozionali con cui può modellare una storia.

Il cinema è un linguaggio. Può dire tante cose. Cose grandi, astratte. È uno dei motivi per cui l'amo.
Spesso non ci so fare con le parole. C'è chi è poeta e sa esprimersi in modo meraviglioso usando le parole. Invece il linguaggio del cinema è il cinema stesso. Un linguaggio con cui puoi dire un'infinità di cose, perché hai a disposizione il tempo e le sequenze. I dialoghi. La musica. Gli effetti sonori. Hai un'infinità di mezzi. Così puoi esprimere un'emozione e un pensiero che non potresti comunicare altrimenti. È uno strumento magico[63].

Con *INLAND EMPIRE* questa infinità di strumenti espressivi, con cui il cinema può esprimersi, sembra aver trovato un'imponente manifestazione, sembra aver raggiunto un traguardo importante.

Il cinema si afferma più che mai come *strumento magico* con cui costruire e modellare un mondo che si fonda proprio sulla *magia*.

---

63 DAVID LYNCH, *In acque profonde. Meditazione e creatività*, Milano, Mondadori, 2008, cit.,p. 23.

Sequenza 1
Titoli di testa. Faro acceso che procede da sinistra verso destra illuminando il titolo del film *INLAND EMPIRE*.

Sequenza 2
Dal nero compare la testina di uno stereo che scorre su un disco. Una voce maschile parla di un radiodramma (*Axxon*), il più longevo della storia, in onda dalle regioni del Baltico. È ambientato in un vecchio hotel in una grigia giornata invernale. In sottofondo si sentono degli applausi registrati. La scena è in bianco e nero.

Sequenza 3
Ancora bianco e nero. In una doppia dissolvenza incrociata si passa alla scena di un corridoio di un albergo. Un uomo e una donna, di cui non si vedono i volti, fanno ingresso in una camera lussuosa. Lei viene trattata come una prostituta, le viene intimato di spogliarsi. La donna fa quello che le dice l'uomo ma dopo un po' sostiene di aver paura.

Sequenza 4
La scena diventa a colori. C'è una camera con un letto verde su cui è seduta una donna, nella stessa posizione in cui si trovava la donna nella sequenza in bianco e nero. Questa donna (Lost girl) è coperta solo da un vestito appoggiato al petto e piange mentre guarda la televisione non ancora sintonizzata. A un tratto compaiono delle immagini in *flashforward*, che si fermano su uno strano programma con protagonisti dei conigli antropomorfi (*Rabbits*).

Sequenza 5
Rabbits: in una stanza con due conigliette, una che stira e una seduta sul divano, entra un coniglio (Jack Rabbit). Appena entra si

---

64 La seguente suddivisione in sequenze è in parte ripresa da quella contenuta in P. Basso Fossali, *Interpretazione tra mondi. Il pensiero figurale di David Lynch*, Pisa, ETS, 2006. pp. 552-562.

sentonoo degli applausi registrati e i conigli iniziano a parlare con frasi scollegate fra loro. Le immagini di *Rabbits* si alternano a stacchi sulla Lost girl che piange. In chiusura, Jack esce dalla stanza

Sequenza 6
Il coniglio apre una porta e si trova in un palazzo sfarzoso in Polonia. La sua immagine si dissolve, la stanza rimane vuota. A questo punto la telecamera mette a fuoco il volto di un uomo. Nella stanza ora ci sono due uomini, uno dei quali (Fantasma) dice all'altro (Janek): "*Sto cercando un ingresso*". Poi l'immagine del Fantasma si dissolve in *ralenti* e ricompare il coniglio davanti alla porta. Le luci si abbassano.

Sequenza 7
Da un gruppo di alberi esce una donna che si dirige verso una villa, quella di Nikki Grace, un'attrice. La vicina vuole darle il benvenuto. Dopo aver preso un caffè, la vicina inizia a fare domande a Nikki sul ruolo che deve interpretare nel nuovo film. Parla in maniera inquietante e racconta una parabola, con due diverse versioni, all'attrice, che rimane turbata. Poi punta un dito verso un divano che si trova di fronte a loro dicendole che otterrà la parte. Nikki vede se stessa nel momento in cui le confermeranno che le è stata assegnata la parte.

Sequenza 8
Nikki siede con due amiche sul divano di casa. Riceve una telefonata che la avverte di aver ottenuto la parte. Gioisce con le amiche mentre il marito, che sta scendendo lentamente dalle scale, la ascolta.

Sequenza 9
La telecamera si sposta dalla scritta Hollywood al vicino studio di produzione, stage 32. Il regista del film, Kingsley, parla a Nikki e Devon Berk, l'attore scelto per interpretare la parte del protagonista maschile. Dice loro che il film è una grande occasione che li può portare tra le stelle. L'agente di Devon è entusiasta.

Sequenza 10
Un faro illumina la scena di un programma tv. Nikki e Devon si trovano al *Marylin Levens Starlight Celebrity Show*. La presentatrice presenta i due protagonisti e il loro nuovo film, alludendo al fatto di una probabile relazione che i due finiranno per avere.
Lo show si chiude con questa frase: "*Il Marylin Levens Starlight Celebrity Show tornerà la prossima settimana da Hollywood, California, dove le stelle fabbricano i sogni e i sogni fabbricano la stelle*".

Sequenza 11
Devon si allontana velocemente dagli studi tv, infuriato con la presentatrice. Il suo agente insiste perché non tenti una relazione con Nikki e lo mette in guardia sul marito di Nikki.
In montaggio alternato, vediamo Nikki con le truccatrici commentare l'apparizione tv.

Sequenza 12
Esterno, villa di Nikki. La donna scende dalla macchina che l'ha accompagnata, saluta le amiche e sale titubante le scale fino all'ingresso. *Ralenti.*

Sequenza 13
Assolvenza dal nero. Stage 4. Siamo sul set di *On high in blue tomorrows*, come ci mostra la telecamera che si avvicina al titolo riportato in un foglio. Siamo nello stage dove sarà predisposta la Smithee house. Nikki e Devon provano una scena, la numero 35, entrano molto nella parte, tanto che dagli occhi di Nikki escono delle lacrime. Freddie, l'aiuto regista di Kingsley, dice di aver sentito un rumore e blocca la scena. Devon si alza per vedere se c'è qualcuno all'interno dello stage ma non trova nessuno.
Poi Kingsley inizia a parlare del film. Dice che è un remake, scatenando il disappunto di Devon, e che il film originale, il polacco *47*, si basava sulla storia di zingari polacchi. Continua dicendo che il film non è stato mai finito per l'assassinio dei due protagonisti.

Sequenza 14
Brusco stacco. Nikki si trova nella villa con il marito; un'anziana coppia si rivolge a lei in polacco ma lei dice di non capire la lingua, correggendosi per poi dire di capirla ma di non parlarla.

Sequenza 15
Dal nero compare la luna piena. In una sala insonorizzata, che sembra una centrale di polizia, una donna in stato confusionale (Doris Side) dice a un agente di essere stata ipnotizzata e che per questo ucciderà qualcuno, con un cacciavite. A questo punto mostra al poliziotto un cacciavite piantato nel ventre.

Sequenza 16
Esterno, giorno. Devon e Nikki stanno provando una scena in una lussuosa veranda. I personaggi che interpretano, Sue e Billy, iniziano a dichiararsi il loro amore reciproco ma l'impossibilità di instaurare una storia in quanto legati ad altre persone. Kingsley interrompe la scena soddisfatto della recitazione e della luce.

Sequenza 17
Studios. Momento di riposo. Freddie parla della sua passione per gli animali e poi chiede spudoratamente dei soldi a Nikki e Devon per poter pagare l'affitto di casa.

Sequenza 18
Studios. Nikki è nel camerino con i parrucchieri. La voce *off* di Kingsley dice che c'è chi (la nipote di novant'anni) si domanda quale sarà l'attore che interpreterà Smithee. Si dice che la signora ha una voce da straniera.

Sequenza 19
Nikki torna in villa. La servitù le dice che il marito (Piotrek) è al piano di sopra con Devon.

Sequenza 20
Villa di Nikki. Piano superiore. Il marito parla minaccioso con Devon, intimandogli di lasciar perdere sua moglie. Devon dice di non capire. Intanto Nikki origlia.

Sequenza 21
Studios. Kingsley dice a un addetto di spostare una luce ma le sue indicazione non sono capite. Nikki e Devon intanto sono seduti prima di iniziare una scena. Sembrano pensierosi.

Sequenza 22
Villa di Billy (set). Scena del film *On high in blue tomorrows*. Sue e Billy bevono un drink portato da un cameriere (James). I due sembrano intenzionati a diventare amanti. La moglie e i figli di Billy sono in viaggio. Giunge lo stop e si vede la troupe che sta girando la scena.

Sequenza 23
Studios. Kingsley si lamenta che nella scena appena girata non è stato rispettato un abbassamento delle luci, previsto nella sceneggiatura.
Kingsley avverte un rumore sul set, un click. Intanto Freddie chiede soldi ai membri della troupe (*"Sembra ieri che ancora sapevo cavarmela da solo"*) e Devon porta qualcosa da bere a Nikki.
Devon e Nikki programmano di andare a mangiare insieme dopo la fine delle riprese.

Sequenza 24
Villa di Billy (set). Devon e Nikki provano una scena d'amore. Fra i due protagonisti del film è ormai nata la passione. Giunge lo stop del regista.
La scena sembra continuare. Sue dice a Billy che suo marito, venuto a conoscenza della relazione fra i due, potrebbe ucciderli. A un certo punto interrompe la sua recitazione e, come divertita, dice che il dialogo sembra preso dal loro film. La troupe sembra stupita da questa affermazione di Nikki e lei stessa cerca di riprendersi dopo questo smarrimento identitario. Guarda la macchina come se fosse stupita di essere all'interno di un film.

Sequenza 25
Studios. Devon parla con il suo agente, che lo rassicura sul fatto che ciò che si dice sul film polacco *Vier Sieben* sono solo storie. Ma Devon sospetta che queste storie siano vere.

Sequenza 26
Ralenti. Nikki (Sue) e Devon (Billy) si baciano. Nikki ha un trucco e un'acconciatura diversi rispetto alla scena 24 e Devon indossa vestiti diversi. In una camera dai toni blu (che poi si scoprirà appartenere alla casa di Smithee), i due protagonisti sono a letto mentre

il marito di Nikki li spia. I due si baciano appassionatamente. È la loro prima volta. La donna racconta di una scena girata il giorno prima, cioè quella della spesa, che in realtà sa che è avvenuta il giorno dopo. L'uomo la richiama pronunciando il nome Sue, mentre lei si rivolge a lui con il nome di Devon, e non del protagonista del film, Billy. La donna dice di iniziare a ricordare lentamente. Quest'ultimo sembra turbato e inizia a ridere nervosamente.
Si vede il corridoio (quello della casa di Smithee) mentre delle ombre di corpi umani sembrano rifluire all'indietro, allontanandosi dalla camera da letto.

Sequenza 27
Esterno, vicolo. Scena della spesa. Nikki (o Sue?) ritorna con le borse della spesa verso una macchina sportiva (quella di Devon/Billy). Nel vicolo vede una porta con una scritta (Axxon n.). Vi entra.
È un set che ancora non è totalmente allestito. Sue comprende di trovarsi nello stage in cui aveva provato con Devon la scena 35 (vedi seq. 13). Sente di nuovo la frase "*Guarda nell'altra stanza*", che aveva fatto alzare Devon per controllare che non ci fosse nessun altro all'interno dello stage. Sue fugge chiamando più volte Billy. Il marito la vede da una finestra: è vestito con una giacca verde. Sue si trova di fronte alla facciata della Smithee house (il numero civico è 1358) che ancora deve essere allestita. Entra nella casa. Una volta entrata, Sue si trova in un appartamento completamente arredato, che non si trova più nello stage. Prova a uscire ma la porta è chiusa. Dalla finestra vede Billy che non sembra a sua volta vederla. Guardando fuori, Sue ora vede un giardino. Riesce a uscire dalla casa. Rientra una seconda volta e trova la camera da letto in cui aveva fatto l'amore con Billy. Sul comò c'è un *abat-jour* arancione acceso e si vede qualcuno che sta nascondendo una giacca verde. Il marito di Nikki entra a letto e spegne la luce.
Sue esce dalla camera da letto e apre la porta della stanza che si apre sul lato opposto del corridoio.

Sequenza 28
Sue è entrata nella stanza. Parte un battito. C'è un altro *abat-jour* di colore rosso più intenso che si illumina a intermittenza. Sue ha una visione di Billy. Poi la luce si spegne e dall'oscurità, sotto una

piccola luce blu, appare un gruppo di donne che raccontano le loro esperienze intime con un uomo; chiedono a Sue se le ha mai conosciute. Illuminano la stanze con delle torce elettriche. Le preconizzano che nel futuro si troverà in un sogno come se stesse dormendo e quando aprirà gli occhi si troverà accanto un viso familiare. Sue, appoggiata alla parete, con le lacrime agli occhi, si copre il volto con le mani.

Tolte le mani dal viso, Sue si trova con due delle donne (Lanni e Lori) in una strada di una città innevata, malgrado siano vestite in maniera molto leggera. Le dicono che *"questa è la strada"* e le chiedono se vuole vedere. Sue chiude di nuovo gli occhi.

Ritorna il giradischi della seq. 2.

Si rivede la donna reclusa (Lost girl) della seq. 4, mentre piange.

In sovrimpressione sul giradischi, vediamo prima Sue e poi la Lost girl che le dà delle istruzioni per "vedere": deve indossare un orologio e guardare attraverso un foro su un tessuto di seta ottenuto con una sigaretta accesa.

Inquadrature alquanto instabili, dall'alto, mostrano Sue/Nikki vestita di azzurro e con i capelli sciolti (nelle sottosequenze precedenti erano raccolti). Guarda in alto verso la macchina da presa e si vede capovolta, con i capelli raccolti e con un canottiera a righe colorata con cui si era vista nella città innevata.

Si ritorna alla sottosequenza A. Sue, vestita con la canottiera a righe e a fianco ha un gruppo di prostitute con le torce in mano (c'è ancora lo stesso battito). Lanni e Lori le aprono la finestra; al di là si riesce a vedere un palazzo con un apertura ad arco. Sue chiude agli occhi. Dissolvenza al nero.

Sequenza 29

Sue è a letto nella Smithee house. Stacco improvviso.

Sue sta facendo un'omelette. Richiama l'attenzione del marito per avvertirlo che la colazione è pronta. Ha un dolore che la fa inginocchiare in terra.

Sue rincasa la sera. C'è anche un marito vestito con la solita giacca verde. Dissolvenza al nero.

Sequenza 30

Assolvenza al nero. Smithee House, una stanza ripostiglio con degli scatoloni. Sue trova l'orologio su una poltrona e lo indossa. Si vedono le lancette dell'orologio scorrere all'indietro velocemente. Sue buca la seta con la sigaretta. Guarda dentro il foro.

Sequenza 31
Polonia. Si vede una strada. Rumore di fondo, come del solco di un vecchio disco (dura per tutta la seq. 31)
Interno, appartamento lussuoso. Un uomo (il Fantasma) e una donna (ha le fattezze della Lost girl) in una stanza discutono. L'uomo le attribuisce furbizia e la capacità di fare tutto.
Interno. Appartamento dimesso. Una donna in sottoveste dice a un uomo (ha le sembianze di Piotrek, il marito di Nikki, con i baffi): "*Non posso darti dei figli, lo so. Non sono la persona che credi. Non ti permetterò mai di averla*" (questa scena rima con seq. 61).
Interno, appartamento lussuoso. Il Fantasma picchia la donna (Lost girl), che urla.
Esterno, Polonia. Un uomo ferma Piotrek per strada per chiedere che ore sono. Sono le 9.45.
La donna reclusa (Lost girl), come nella seq. 4, sembra vedere questi eventi attraverso la televisione. Osserva il volto in primo piano di Piotrek.

Sequenza 32
Rabbits. C'è un improvviso abbassamento di luce. Jane, l'unica in scena, è, come al solito, seduta sul divano. La stanza vira in rosso e, in alto a destra compare un foro, che sembra causato dall'accensione di un fiammifero. Suzie, che tiene due candele in mano, conduce una sorta di cerimonia spiritica, che si conclude con l'apparizione di Jack.
Jack si trova di fronte a un tavolino, lo stesso in cui si vedrà seduto Mr. K.
Interno di un teatro (?). A fianco di un sipario rosso, la mano di una donna sembra indicare a Sue dove si deve dirigere (il suo braccio teso ricorda quello della Vicina nella seq. 7). C'è un dietro le quinte da scoprire.

Sequenza 33
Interno. Palazzo scalcinato. Sue sale le scale, ha un cacciavite e una borsetta in mano. Sue sembra diversa. Il suo volto è struccato e pieno di lividi. Si ritrova in cima alle scale con un uomo (Mr. K.).

La donna inizia a raccontare di un uomo e di come questo si sia rivelato. Poi parla di alcuni terribili racconti di violenza subiti durante l'adolescenza

Sequenza 34
Sue, vestita con la canottiera a righe, sta uscendo dalla stanza rossa della Smithee House per entrare nella stanza ripostiglio dove aveva ritrovato l'orologio. Ritrova un mozzicone di sigaretta accesa per forare la seta. Assume un'aria interrogativa.
Visione rallentata e distorta all'interno della stanza in cui viene sottolineata la presenza degli scatoloni.
Sue è appoggiata a una parete, come nella seq. 28. Riappaiono le prostitute, le quali parlano di una certa relazione amorosa, sul fatto di quanto sarebbe durata. Poi promettono di cambiare tutto nello spazio di una notte. Ballano al ritmo della canzone *The Locomotion*, poi spariscono nel nulla. Il totale della stanza ci rivela che siamo nel soggiorno d'entrata della Smithee House.

Sequenza 35
Smithee House. Sue è con il marito, sono seduti a tavola. Lei gli rivela di essere incinta, lui scioccato e scocciato le dice: *"È una specie di shock per me"*.

Sequenza 36
Smithee House. Nuovo ballo delle prostitute al ritmo della canzone *At last*.

Sequenza 37
Notte. Smithee House. Sue telefona dal soggiorno all'entrata e risponde l'uomo coniglio Jack in Rabbits. Lei dice: *"Billy?!"* e nella *sitcom* partono le risate del pubblico. Dissolvenza al nero.

Sequenza 38
Si vede la macchina da presa passare tra gli strati della seta bucata come nella seq. 30.

Sequenza 39
Sue continua il suo racconto sugli uomini violenti con cui ha avuto a che fare nella sua vita con Mr. K. Allude a una fabbrica da cui

si sprigionavano gas tossici; la gente faceva strani sogni e una ragazzina aveva persino visto la fine del mondo. *"La mente è uno stridio di denti"* commenta Sue.

Sequenza 40
Esterno. Giardino della Smithee House (?). Sue chiede a due ragazze (Lanni e Lori) sedute sul prato se la riconoscono. Le due non rispondono e si dicono: *"Sì, facciamolo"*.
Nel giardino intanto il marito si è macchiato tutta la maglietta bianca di ketchup, e chiede a Sue dove sia il rotolo di carta. Lei osserva turbata la macchia rossa.

Sequenza 41
Ambientazione polacca. Una donna (si riconosce la Lost girl) si confessa davanti a delle candele. Parla di un sogno malvagio che le ha afferrato il cuore.

Sequenza 42
Strada in Polonia. Una donna (che ha ancora le fattezze della Lost girl), sale le scale di un edificio scalcinato. Ha un cacciavite in mano (in parallelo con Sue nella seq. 33 A) Nella totale oscurità entra in un salone abbandonato. Si sentono delle urla.
In un pianerottolo nelle scale dell'edificio, si rivede la donna del cacciavite. È inginocchiata, con la testa tra le mani.

Sequenza 43
Ambientazione polacca. Si vede di spalle la donna che aveva detto a Piotrek di non potergli dare dei figli. Lanni appare davanti alla figura e chiede agli spettatori: *"Chi è quella?"*. Poco dopo, in sovrimpressione compare anche Lori che pone la stessa domanda.
Si vede una donna assassinata, distesa per terra, con una ferita al ventre, da cui sono uscite anche delle viscere.
Si vede la moglie polacca morta assassinata. Le fattezze della donna uccisa sono quelle di Julia Osmond, e quindi del personaggio di Doris Side.

Sequenza 44
Ambientazione polacca. Esterno, strada. Il fantasma incrocia una donna per strada, è la Lost girl; parlano dell'omicidio appena avvenuto di un uomo. Il fantasma sostiene che l'assassinato era conosciuto dalla donna.
Stacco su un uomo con i baffi morto assassinato: è Piotrek, ucciso con un colpo di pistola sparato in fronte.
La Lost girl piange nella stanza d'albergo in cui è rinchiusa.

Sequenza 45
Giardino della casa di Smithee (come in continuità con la seq. 40). Il marito è con degli artisti ambulanti che fanno parte di un circo itinerante nelle regioni del Baltico e confessa alla moglie che intende lavorare con loro, visto che ci sa fare con gli animali. Dissolvenza con una donna acrobata che ruota velocemente intorno a un asse, sospesa per aria.

Sequenza 46
Stanza di Mr. K. Sue continua il proprio racconto davanti al confessore. Parla del marito che se ne andò in Europa con un circo polacco. Descrive anche la figura del fantasma, che capitanava il gruppo di artisti. Dice che era un *marines* della Nord Carolina.

Sequenza 47
Soggiorno d'entrata della Smithee House. Sono presenti le prostitute. Lo sguardo di Sue pare rifluire indietro dalla visione attraverso il buco nella seta. La musica è una canzone con voce distorta. Nikki esce dalla Smithee House, la cui facciata non appare più come la costruzione di un set.

Sequenza 48
Nei dintorni di una città americana (Hollywood?) dopo una visione in soggettiva di una strada percorsa (in modo analogo alla seq. 43 A), Sue arriva in una villa lussuosa con degli ambienti già inquadrati nelle riprese del film *On high in blue tomorrows*. Non si tratta dell'allestimento di un set, bensì di una villa reale. Sue entra in casa perché possiede una chiave. Incontra la famiglia

di Billy al completo e viene subito riconosciuta da Doris. Sue rivela il suo amore per Billy, suscitando la reazione violenta di Doris, che la schiaffeggia ripetutamente.

Doris smette di schiaffeggiare Sue e rimane immobile rivedendosi come la donna dell'interrogatorio (seq. 15), come ipnotizzata dal fantasma in un bar (era ciò che aveva raccontato all'ispettore di polizia) e infine si rivede morta, stesa a terra e ferita al ventre come nella seq. 44 A. Dissolvenza al nero.

Sequenza 49
Esterno, giorno. In un bosco davanti a una serie di piccoli prefabbricati, Piotrek è in macchina con un uomo anziano (Janek), in precedenza già visto con il Fantasma (seq. 6), e un autista. Incontrano un terzo uomo polacco (Gordy), già visto nella sequenza 46 in quanto parte del gruppo di artisti polacchi. Si comprende che Piotrek è in cerca di informazioni sul Fantasma. Gordy si limita a dire che se n'è andato, *"ha mormorato qualcosa a proposito dell'Inland Empire"*.

Sequenza 50
Nottetempo. Vediamo un cartellone con una faccia da clown sovraimpresso all'immagine di Sue, la quale, illuminata da un faro, avanza verso il punto di vista della macchina da presa mostrando un forte senso di alterazione emotiva. La sua espressione la rende deforme.

Sequenza 51
Uno stacco improvviso sul volto di Sue ci fa interpretare la sequenza precedente come una sua visione immaginativa, un incubo o un ricordo deformato che la spaventa.

Da dietro a un albero esce una vicina di casa che si dirige verso casa di Sue.

Sue accoglie la visitatrice, la quale, per prima cosa, le parla di un conto in sospeso da pagare e poi chiede alla padrona di casa se conosce il vicino, un certo Cramp.

Sequenza 52
Nella stanza di Mr. K. Sue dice al confessore: *"Era uno strano nome: lo chiamavano Cramp"*.

Sequenza 53
Esterno, giorno. Sue va a far visita al vicino, che, con un aria inquietante, sbuca da dietro un albero con una lampada rossa in bocca; la donna fugge portandosi via un cacciavite, come se volesse
proteggersi in caso di aggressione. Sue si rivede accanto alla lampada rossa nella Smithee House.

Sequenza 54
Ambientazione polacca. Esterno/interno di un palazzo (lo stesso
della seq. 28 G). Un piccolo gruppo di uomini anziani è raccolto
attorno a un tavolo imbandito e pieno di candele. Al centro del tavolo c'è la Lost girl. Dice che è arrivato qualcuno e, in effetti, dopo
un po', arriva Piotrek. È accolto dagli uomini ma non vede la donna, riesce solo a sentirla. Piotrek confessa di lavorare per lo stesso
uomo di cui la Lost girl ha parlato al gruppo di anziani (il Fantasma). Viene data una pistola a Piotrek mentre lo si invita a fare in
fretta, visto che è mezzanotte passata. La Lost girl scompare e gli
anziani si spostano davanti al tavolo.

Sequenza 55
Con una dissolvenza incrociata vediamo i tre anziani divenire i
tre conigli di *Rabbits*. Alcune battute (*"Era rosso"*) sono analoghe
a quelle dette nella sequenza precedente. Si intravede il riflesso di
una lampada, fuori dalla finestra di quella che pare essere la stessa stanza degli uomini polacchi. Tutto vira al rosso. Si sente fuori campo una voce, con un fruscio che fa pensare al giradischi, che
parla di uomo con il cappotto verde che ha a che fare con la lettura dell'ora.

Sequenza 56
Smithee House. Piove a dirotto, con lampi. Sue è seduta in giardino, vestita con una maglietta e un golf.
Sue è in accappatoio bianco seduta dentro il soggiorno della Smithee House: ha delle visioni.
Come nella sottoseq. A. Sue è ancora seduta in giardino, assorta.
Come nella sottoseq. B. Partono delle scariche di luce abbagliante che perturbano l'intero quadro dell'immagine. Si intravedono le
prostitute ballerine mentre Sue comincia a gridare.

Sequenza 57
Esterno, sera. Hollywood, vicino alla *Walk of Fame*. Sue si ritrova improvvisamente di nuovo in strada. Riappaiono anche le prostitute come se fossero le sue colleghe (Sue infatti dice: "*Sono una puttana*"). Sue dice anche "*Dove mi trovo? Ho paura*" con tono ironico (la frase si erao già sentita nella seq. 2 detta da una prostituta di cui non si riusciva a vedere il volto). Vede anche Doris Side vestita come nella seq. 19, quando si era detta ipnotizzata e pronta a uccidere.

Sequenza 58
Hollywood, vicino alla *Walk of Fame*. Sue si aggira per strada con una borsetta e un cacciavite nell'altra mano. È trasandata e malconcia, vestita come nelle sequenze della confessione. Capita davanti a un'altra scritta Axxon n. Guardando dall'altro lato della strada vede se stessa insieme alle prostitute: il suo doppio sembra irriderla e, come era capitato a quest'ultimo, vede anche lei Doris Side nascondersi dietro un albero. Sue non entra attraverso la porta Axxon n., ma prosegue. Una delle prostitute è impegnata con una telefonata, altre, come Lanni e Lori, sono sul ciglio della strada come se aspettassero dei clienti.

Sequenza 59
Salto nell'ambientazione polacca attraverso il volto ridente di Lanni. Passa un calesse. La Lost girl chiede a Lanni e Lori se l'hanno già vista da qualche parte (come faceva Sue nella seq. 40). Lori muove il dito come se volesse imitare l'attività ipnotizzatrice del Fantasma (riferimento seq. 48 B.)

Sequenza 60
Esterno, Hollywood, notte. Sue cerca di entrare in un teatro cabaret. Fa il nome di una certa Caroline per ottenere il lasciapassare. Viene fatta sedere mentre si sta svolgendo un numero di cabaret. Una donna vestita di rosso (Caroline) le indica un passaggio tra i sipari e sembra dirigerla con la mano, esattamente come nella seq. 32 C.
Sue sale le scale.

Sequenza 61

Stanza di Mr. K. Sue è di nuovo di fronte al confessore. Con delle dissolvenze incrociate vengono suggerite delle ellissi temporali che fungono da sintesi del primo incontro con Mr. K. Dice di aver perso la nozione del tempo (*"Il cervello le è andato in pappa"*) e che il marito, il giorno prima di andare via, si era messo a parlare in una lingua straniera.

Smithee House. Il marito confessa a Sue la sua impotenza (*"Non sono la persona che pensi"*) e quindi il fatto che il figlio che la donna aspetta non può essere il suo. Il marito la picchia.

Come nella sottoseq. A. Sue commenta che il marito aveva la faccia rossa e gli occhi strabuzzati.

Sue è vista in *ralenti* con una luce che le inonda il viso, mentre i capelli le scendono sulla faccia, come se avesse la testa piegata in avanti.

Come nella sottoseq. A. Sue dice che immaginava che un giorno si sarebbe svegliata e avrebbe scoperto cosa era successo il giorno prima. Sue si vede proiettata come un'ombra nella sua casa e parla della morte del figlio e del suo smarrimento successivo e lo paragona alla situazione di trovarsi in un teatro buio. Giunge improvvisa una telefonata. Mr. K. risponde dicendo che Cramp è da qualche parte lì vicino.

Sue fugge via, passando per le scale (sono le stesse della seq. 42 A), per poi uscire dal locale.

Sequenza 62

Walk of fame, notte. Sue si trova nuovamente per strada con le altre prostitute: ha sempre il cacciavite in mano. Sue prima cerca di attirare l'attenzione delle compagne sul fatto che c'è qualcuno che s'aggira lì intorno (Doris Side) poi, visto che le donne la irridono, Sue accenna, con uno schiocco delle dita, la mossa di un balletto, che avevano già fatto dalle prostitute nella Smithee House.

Doris Side esce allo scoperto, le amiche prostitute si spostano, mentre la donna prende il cacciavite dalle mani di Sue e glielo conficca in pancia. Sue urla e dopo essersi tolta il cacciavite dalla pancia, comincia a vagabondare ferita. Le amiche prostitute scappano, così come Doris.

Sequenza 63

Sue si distende vicino a tre *homeless*. Questi, malgrado riconoscano subito l'agonia della donna, non fanno niente per aiutarla e conversano per svariati minuti tra loro di Pomona, una cittadina vicina raggiungibile in autobus, nonché di alcune loro conoscenze (tra cui una donna, Nico: ha una parrucca bionda che la fa sembrare una star ma la sua vita è ormai agli sgoccioli, visto che ha un buco nella parete della vagina, e ha una scimmietta). Solo dopo che Sue vomita sangue, la donna di colore le si avvicina e le dice alcune "estreme" parole di commiato: "*È tutto ok, stai solo morendo. (…) Niente più bui domani. Ora sei tra le stelle*". Alla morte di Sue fa seguito un allargamento di quadro che mostra la presenza della troupe di Kingsley. Questi si complimenta con Nikki. L'attrice si rialza, turbata, e esce dal set. La ripresa, che era apparsa girata in esterni, viene incorniciata come interna a uno studio.

Sequenza 64

Viene proposta a Nikki una vestaglia per coprire gli abiti di scena da prostituta. Kingsley cerca di capire cosa è successo a Nikki. Nikki esce dallo stage 4 e vede lo stage 5 e lo stage 6.
La Lost girl vede in televisione, nella stanza in cui è reclusa, l'immagine di Nikki, la quale guarda in macchina, come potesse percepire di essere guardata.
Nikki entra in un cinema, attraverso un sipario rosso. Vede se stessa sullo schermo e poi assiste a una scena già girata: è quella della confessione della morte del figlio e del sentirsi come a teatro prima che la scena si illumini. Si sente di nuovo la telefonata del confessore. Solo un dettaglio è diverso: sullo schermo Sue vede se stessa aprire il primo cassetto del comodino in camera. Nel frattempo il Confessore è entrato all'interno della sala cinematografica. Nikki lo segue e sale le scale.
Nikki giunge fino ad arrivare in un corridoio. Compare, su un muro, accanto a una porta, la scritta Axxon n., Nikki entra. Sbuca nella camera da letto della Smithee House e nel cassetto del comodino trova una pistola. Sulla mano vi è una scritta "LB" con una linea diagonale rossa che la barra. Esce dalla camera e vede qualcuno nel corridoio, ma nel frattempo quest'ultimo è mutato. Si legge il numero 47 su una delle porte. Nikki spara più volte all'uomo che le sta di fronte: è Cramp, il Fantasma. La sua immagine si de-

forma, diventando prima una caricatura del volto di Nikki, poi un volto privo di qualsiasi caratterizzazione somatica, da cui esce del sangue dalla bocca.

Sequenza 65
Rabbits. Qualcuno apre la porta d'ingresso. I tre conigli si girano a guardare. La luce interna si spegne improvvisamente a favore dei bagliori bianchi che entrano nella porta semiaperta. Nikki è entrata nella stanza 47, che è quella di *Rabbits*.
Non ci sono più i tre conigli. Nikki si aggira come riconoscesse qualcosa.

Sequenza 66
Una luce da palcoscenico inonda l'intero quadro dell'immagine.
Lanni e Lori sembrano provenire da uno spazio del palazzo scalcinato.
La Lost girl, nella sua stanza, sembra essersi accorta che qualcosa sta accadendo.
Lanni e Lori percorrono velocemente un corridoio dell'albergo.
La Lost girl vede arrivare Nikki all'interno della sua camera. La televisione interna restituisce l'intera scena in diretta. Le due donne si baciano e Nikki, subito dopo, scompare. La Lost girl sente il click di una serratura. Finalmente è libera. Esce dalla stanza 205.
La Lost girl percorre i corridoi, scende le scale.
Vediamo rientrare all'interno della Smithee House, Piotrek e quello che pensiamo essere il figlio.
La Lost girl riesce a trovare la porta giusta. Si trova nel salone della Smithee House e riabbraccia Piotrek e il figlio, come fossero i suoi cari.
Come in A, una luce da palcoscenico inonda lo schermo. Vediamo il volto di Nikki molto illuminato, mentre sentiamo applausi registrati (gli stessi dell'inizio del film, quando si parlava del radiodramma *Axxon*) e, in sovrimpressione, delle immagini di una ballerina.
Nuova luce di palcoscenico. Ritorniamo alle immagini della Lost girl e di Piotrek abbracciati. In particolare il quadro dell'immagine mostra, a sinistra, il volto della Lost girl e, in sovrimpressione, le viene accostato quello della Vicina, apparsa nella seq. 7.
Torniamo alla seq. 7. Nikki è nella sua villa seduta di fronte alla

Vicina che era andata a farle visita. Si rivede davanti a sé, seduta su un divano: questa volta il suo doppio è solo e guarda verso la macchina da presa, ovvero verso Nikki stessa. È vestita con un abito azzurro.

Sequenza 67
In un interno lussuoso, si vede una ragazza con una gamba sola (come era descritta la sorella del Fantasma), una donna con una parrucca bionda accompagnata dalla scimmia (come era descritta Nico nella seq. 63). La macchina da presa svela la presenza di Nikki/Sue/la prostituta/Laura Dern vestita con l'abito azzurro con cui si era conclusa la sequenza precedente; Laura Harring (la Rita/ Camilla di *Mulholland Drive*), che manda un bacio alla Dern; e Nastassja Kinski. Parte un balletto e una canzone (*Sinnerman* di Nina Simone) che accompagnano i titoli di coda.

Lungometraggi

1976 – *Eraserhead* (tit. it. *Eraserhead – La mente che cancella*).
1980 – *The Elephant Man* (Id.).
1984 – *Dune* (Id.).
1986 – *Blue Velvet* (tit. it. *Velluto blu*).
1990 – *Wild at Heart* (tit. it. *Cuore selvaggio*).
1992 – *Twin Peaks: Firewalk with me* (tit. it. *Fuoco cammina con me*).
1997 – *Lost Highway* (tit. it. *Strade perdute*).
1999 – *The Straight Story* (tit. it. *Una storia vera*).
2001 – *Mulholland Drive* (Id.).
2006 – *INLAND EMPIRE* (tit. it. *INLAND EMPIRE – L'impero della mente*).

Televisione

1988 – *The Cowboy and the Frenchman*, cortometraggio realizzato per il programma televisivo "Les Français vues par".
1990-1991 – *Twin Peaks* (tit. it. *I segreti di Twin Peaks*), serie televisiva. Lynch, oltre a essere autore e produttore esecutivo, insieme a Mark Frost, dirige il pilot e gli episodi 1.3, 2.1, 2.2, 2.7, 2.22.
1990-1991 – *American Chronicles*, serie di documentari per la televisione. Lynch, oltre ad essere autore e produttore esecutivo, co-dirige, insieme a Mark Frost, l'episodio "Champions".
1991-1992 – *On the air*, serie televisiva. Lynch, oltre ad essere autore e produttore esecutivo, insieme a Mark Frost, dirige l'episodio 1.
1992 – *Hotel Room*, serie televisiva. Lynch, oltre a essere autore e produttore esecutivo, dirige due dei tre episodi della serie, "Tricks" e "Blackout".
2017 – *Twin Peaks - The Return*, serie televisiva. Lynch, oltre a essere ideatore e sceneggiatore, insieme a Mark Frost, dirige tutti i 18 episodi.

Cortometraggi, film per il web e per l'home video

1967 – *Sailing with Bushnell Keeler*, cortometraggio.
1967 – *Six figures Getting Sick (Six Times)*, cortometraggio.
1968 – *The Alphabet*, cortometraggio.

1968 – *Absurd Encounter with Fear*, cortometraggio
1968 – *Fictitious Anacin Commercial*, cortometraggio.
1970 – *The Grandmother*, mediometraggio.
1974 – *The Amputee*, cortometraggio.
1995 – *Premonitions Following an Evil Deed* (episodio di "Lumière et compagnie"), cortometraggio.
2001 – *Pierre and Sonny Jim*, cortometraggio.
2001 – *Head with Hammer*, cortometraggio.
2001– *Factory Mask*, cortometraggio.
2002 – *Rabbits*, mini serie di cortometraggi distribuiti sul sito web di Lynch, www.davidlynch.com.
2002 – *Darkened Room*, cortometraggio.
2002 – *Dumbland*, mini serie di cortometraggi di animazione in bianco e nero distribuiti sul sito web di Lynch, www.davidlynch.com.
2002 – *Industrial Soundscape*, cortometraggio.
2002 – *Where Are The Bananas*, cortometraggio.
2002 – *Dead Mouse with Ants*, cortometraggio.
2002 – *Bees*, cortometraggio.
2002 – *Does That Hurt You?*, cortometraggio.
2002 – *The Pig Walks*, cortometraggio.
2002 – *The Disc of Sorrow Installed*, cortometraggio.
2002 – *Cannes Diary*, serie di videosaggi.
2002 – *The Coyote*, cortometraggio.
2003 – *Lamp*, serie di cortometraggi.
2003 – *Boat*, cortometraggio.
2004 – *Bug Crawls*, cortometraggio.
2004 – *BlueBob Egg*, cortometraggio.
2007 – *More Things that Happened*, cortometraggio.
2007 – *Absurda*, cortometraggio incluso nel film "Chacun son cinéma ou Ce petit coup au coeur quand la lumière s'éteint et que le film commence".
2007 – *Intervalometer experiments*, serie di cortometraggi.
2007 – *Out Yonder*, serie di cortometraggi.
2007 – *Ballerina*, cortometraggio.
2007 – *Blue Green*, cortometraggio.
2007 – *David Lynch Cooks Quinoa*, cortometraggio.
2008 – *Early Experiments*, cortometraggio.
2009 – *The Mistery of the Seeing Hand*, cortometraggio.
2012 – *Memory Film*, cortometraggio realizzato per la settima Memory Marathon alla Serpentine Gallery di Londra.

2013 – *Idem Paris*, cortometraggio.
2014 – *Twin Peaks: The Missing Pieces*, film costituito dalle scene tagliate provenienti dal lungometraggio "Fuoco cammina con me" (1992) e inserito nel cofanetto "Twin Peaks: The Entire Mystery".
2015 – *Fire (Pozar)*, Cortometraggio in collaborazione con Marek Zebrowski.
2017 – *What Did Jack Do?*, cortometraggio.
2018 – *Ant Head*, cortometraggio.

Pubblicità, spot promozionali, videoclip e documentari

1988 – *Obsession*, quattro pubblicità per Calvin Klein.
1991 – *Dangerous*, spot promozionale per la tournée di Michael Jackson.
1991 – *Wicked game*, videoclip del brano interpretato da Chris Isaak e presente in "Cuore selvaggio".
1991 – *Georgia coffee*, quattro spot pubblicitari per la televisione giapponese "girati" a Twin Peaks con alcuni personaggi della serie.
1991 – *We care about New York*, Pubblicità girata per conto del comune di New York sull'emergenza dei ratti in città.
1992 – *Who is Gio?*, pubblicità per il profumo di Armani, "Gio".
1992 – *Opium*, pubblicità per il profumo omonimo di Yves Saint Laurent.
1993 – *Alka Seltzer Plus*, due pubblicità.
1993 – *Pasta Barilla*, pubblicità.
1993 – *The wall*, pubblicità per la Adidas.
1993 – *Revelead*, pubblicità istituzionale per conto della "American cancer society" sulla prevenzione del cancro al seno.
1993 – *The instinct of life*, pubblicità per Jill Sander.
1994 – *Sun moon stars*, pubblicità per il profumo di Karl Lagerfeld.
1995 – *Longing*, spot promozionale per il cantante giapponese Yoshiki.
1997 – *Olgivy and Mother*, pubblicità per il test di gravidanza "Clear Blue Easy One Minute".
1999 – *Parisienne*, pubblicità per l'omonima marca di sigarette.
2000 – *The Third Place*, pubblicità per la Playstation 2.
2000 – *JC Decaux*, pubblicità per l'omonima impresa di forniture stradali.
2003 – *Do you speak Micra?*, pubblicità per la Nissan Micra.
2007 – *Gucci by Gucci*, pubblicità per il profumo omonimo.

2009 – *Shot in the Back of the Head*, videoclip del brano di Moby.
2010 – *Lady Blue Shangai*, cortometraggio realizzato per Dior e destinato al web.
2011 – *Duran Duran: Unstaged*, documentario musicale sul gruppo inglese Duran Duran.
2011 – *The 3Rs*, trailer per la Viennale 2011.
2018 – *This Video of David Lynch Is Not What It Seems*, cortometraggio promozionale per la raccolta fondi della campagna Omaze.
2021 – *I am the Shaman*, videoclip del brano di Donovan.

Musica, spettacoli e fumetti

1982 – *Eraserhead Soundtrack*, colonna sonora realizzata in collaborazione con Alan R. Splet.
1983-1992 – *The Angriest Dog in the World*, serie di brevi strisce satiriche pubblicate nel giornale "L.A. Reader".
1989 – *Floating into the Night*, album composto da 10 canzoni originali provenienti da "Velluto blu", "Twin Peaks", "Industrial Symphony n. 1", con testi di Lynch e musiche di Angelo Badalamenti.
1990 – *Industrial Symphony n°1: the dream of the broken hearted*, versione video di uno spettacolo teatrale omonimo, fatto di musica ed effetti sonori, andato in scena alla Brooklyn Academy of Music di New York il 10 novembre 1989.
1993 – *The voice of love*, album composto da 11 canzoni originali provenienti da "Cuore selvaggio" e "Fuoco cammina con me", con testi di Lynch e musica di Angelo Badalamenti.
1998 – *Lux Vixens (Living night): the music of Hildegard Von Bingen*, Album di 20 canzoni interpretate da Jecelyn Montgomery (voce, violino), prodotto da David Lynch.
2001 – *Blue Bob*, album di 12 brani, registrati e composti da Lynch e John Jeff, sotto il nome di Blue Bob.
2007 – *The Air is on Fire*, composizione realizzata insieme a Dean Hurley e proveniente dall'installazione sonora interattiva della mostra "The Air is on Fire".
2007 – *Polish Night Music*, album composto in collaborazione con Marek Zebrowski.
2008 – *Industrial Soundscape*.
2011 – *Crazy Clown Time*, album composto da 15 brani composto in studio e prodotto da Dean Hurley.
2011 – *This Train*, collaborazione al primo album di Christa Bell

2013 – *The Big Dream*, album di 12 brani composto in studio e prodotto da Dean Hurley.
2016 – *Somewhere in the nowhere*, collaborazione all'album di Christa Bell.
2018 – *Thought Gang*, album di 12 brani composto in collaborazione con Angelo Badalamenti.

BIBLIOGRAFIA

TESTI SU DAVID LYNCH

PIERLUIGI BASSO FOSSALI, *Interpretazione tra mondi. Il pensiero figurale di David Lynch*, Pisa, ETS, 2006.
PAOLO BERTETTO, (a cura di), *David Lynch*, Venezia, Marsilio, 2008.
CLAUDIO BISONI, (a cura di), *Attraverso Mulholland Drive. In viaggio con David Lynch nel luogo di un mistero*, Il principe costante, Pozzuolo del Friuli, 2004.
ROBERTO CACCIA, *David Lynch*, Milano, Il Castoro, 2004.
MICHEL CHION, *David Lynch*, Paris, Édition de l'Étoile/Chaiers du cinéma, 1992; trad. it. D. GIUFFRIDA, Torino, Lindau, 2000.
DANIELE DOTTORINI, *David Lynch. Il cinema del sentire*, Le Mani, Genova 2004.
DAVID LYNCH, *Catching the big fish. Meditation, consciousness and creativity*, New York, Tarcher/Penguin, 2006; trad. it. di M. PISTIDDA, *In acque profonde. Meditazione e creatività*, Milano, Mondadori, 2008.
LUCA MALAVASI, *Mulholland Drive*, Torino, Lindau, 2008.
ROY MENARINI, *Il cinema di David Lynch*, Alessandria, Falsopiano, 2002.
DAVID FOSTER WALLACE, *David Lynch keeps his head*, in *A Supposedly Fun Thing I'll Never Do Again: Essays and Arguments*, Boston, Little Brown, 1997; trad. it di V. OSTUNI, C. M. TESTA RAIMO, *David Lynch non perde la testa*, in *Tennis, tv, trigonometria, tornado (e altre cose divertenti che non farò mai più)*, Roma, Minimum fax, 1999.
SLAVOJ ŽIŽEK, *The art of ridiculous sublime: On David Lynch's Lost highway*, Washington, University of Washington Press, 2000; trad. it. di DAMIANO CANTONE e LORENZO CHIESA (a cura di) in *David Lynch: L'arte del sublime ridicolo*, in *Dello sguardo e altri oggetti. Saggi su cinema e psicanalisi*, Udine, Campanotto, 2004.

ARTICOLI E SAGGI SU DAVID LYNCH

PAOLO BERTETTO, *L'analisi interpretativa. «Mulholland Drive» e «Une femme mariée»*, in id. (a cura di), *Metodologie di analisi del film*, Roma-Bari, Laterza, 2006.

Andrea Bordoni; Matteo Marino, *Niente più bui domani*, "Cineforum", n. 462, marzo 2007.

Rinaldo Censi, *Elettricità da un altro pianeta*, "Cineforum", n. 462, marzo 2007. Roberto Chiesi, *Figure perturbanti*, "Cineforum", n. 462, marzo 2007.

Umberto Curi, *Mulhholland Drive*, "Caffè Europa", n. 175, 19 aprile 2002.

Stéphane Delorme, *Une femme marièe*, trad. it. di E. Renzi, *Una donna sposata*, "Cahiers du cinema", n. 620, febbraio 2007.

Huw Green, *David Lynch and psychosis*, "The Psychologist", n. 20, marzo 2007.

Luca Malavasi, *La presenza del digitale*, "Cineforum", n. 462, marzo 2007.

Paolo Mereghetti, *Lynch, cinema nel labirinto di un tradimento*, "Corriere della sera", 9 febbraio 2007.

Pietro Montani, *Tutto comincia con una ripetizione. «Excursus» sulla figura del ritorno*, in id., *L'immaginazione narrativa, il racconto del cinema oltre i confini dello spazio letterario*, Milano, Guerini e Associati, 1999.

Roberto Nepoti, *"Inland empire", intrigo con delitto passionale*, "Repubblica", 9 febbraio 2007.

Fabrizio Tassi, *Il cinema sotto la pelle*, "Cineforum", n. 462, marzo 2007.

Testi e articoli di cinema

Andrè Bazin, *Qu'est-ce que le cinéma?*, Editions du Cerf, 1958; trad. it. Adriano Aprà, *Che cosa è il cinema*, Milano, Garzanti, 1999.

Andrea Bellavita, Paola Valentini, *Schermi perturbanti: per un'applicazione del concetto di Unheimliche all'enunciazione filmica*, Milano, Vita e pensiero, 2005.

Bernardi Sandro, *Introduzione alla retorica del cinema*, Firenze, Le Lettere, 1995.

Gianni Canova, *L'alieno e il pipistrello. La crisi della forma nel cinema contemporaneo*, Milano, Bompiani, 2000.

Roberto De Gaetano, *Il cinema secondo Gilles Deleuze*, Roma, Bulzoni, 1996.

Gilles Deleuze, *Cinéma 1. L'image-mouvement*, Minuit, Paris, 1983; trad. it. di J. Paul Manganaro, *Cinema 1. L'immagine-movimento*, Milano, Ubulibri, 1984.

Gilles Deleuze, *Cinéma 2. L'image-temps*, Minuit, Paris, 1985; trad. it. di L. Rampello, *Cinema 2. L'immagine-tempo*, Milano, Ubulibri, 1989.

Sergej Michajlovič Ejzenstejn, *1963-1970 «Montaž»*, in id., *Izbrannye proizvedenija v šesti tomach* (1937), *vol. II*, Iskusstvo, Mosca; trad. it di C. De Coro e F. Lamperini, in Pietro Montani (a cura di), *Teoria generale del montaggio*, Venezia, Marsilio, 1985.

Maurizio Grande, *L'esplicito e l'implicito della critica,* "Cinecritica", n. 19-20, maggio-giugno 1991.

Siegfried Kracauer, *Theorie des Films - Die Errettung der äußeren Wirklichkeit*, Frankfurt, Suhrkamp, 1964; trad. it. di P. Gobett, *Teoria del film*, Milano, Il saggiatore, 1995.

Christian Metz, *Le significant imaginaire. Psychanalyse et cinema*, Paris, Christian Bourgois Editeur ; trad. it. di D. Orati, *Cinema e psicanalisi*, Venezia, Marsilio, 2002.

Pietro Montani, *Sergej Ejzenštejn: oltre il cinema*, Pordenone, Biblioteca dell'immagine, 1991.

Ivelise Perniola (a cura di), *Cinema e letteratura. Percorsi di confine*, Venezia, Marsilio, 2002.

David J. Skal, *The monster show. A cultural history of horror*, WW Norton & Co., 1993; trad. it. di M. Benigni, *The monster show. Storia e cultura dell'horror*, Milano, Baldini e Castoldi, 1998.

Altri testi e articoli

Jean Baudrillard, *L'échange symbolique et la mort*, Gallimard, Paris, 1976; trad. it. di G. Mancuso, *Lo scambio simbolico e la morte*, Feltrinelli, Milano, 1979.

Jean Baudrillard, *Le crime parfait*, Galilée, Paris, 1995, trad. it. Gabriele Piana, *Il delitto perfetto. La televisione ha ucciso la realtà?*, Cortina, Milano, 1996.

Gilles Deleuze, Felix Guattari, *Mille plateaux. Capitalisme et schizophrénie*, Minuit, Paris, 1980; trad. it. di G. Passerone, *Millepiani. Capitalismo e schizofrenia*, Istituto della Enciclopedia italiana, Roma, 1987.

Gilles Deleuze, *Pourparlers*, Minuit, Paris, 1990; trad. it. S. Verdicchio, *Pourparler*, Quodlibet, Macerata 2000.

GILLES DELEUZE, *Critique et clinique*, Paris, 1993; trad. it. di A. PANARO, *Critica e clinica*, Milano, Cortina, 1997.

GILLES DELEUZE, *Qu'est-ce que l'acte de création?*, in *Deux régimes de fous. Textes et entretiens 1975-1995*, Paris, Éditions de Minuit, 2003, trad. it. A. MOSCATI (a cura di) *Che cos'è l'atto di creazione?*, Napoli, Cronopio, 2003.

JACQUES DERRIDA, *Des tours de Babel* (1985) in *Psyché. Inventions de l'autre*, Paris, Galilée, 1987; trad. it. di A. ZINNA, in S. NERGAARD (a cura di), *Teorie contemporanee della traduzione. Testi di Jakobson, Levý, Lotman, Toury, Eco, Nida, Zohar, Holmes, Meschonnic, Paz, Quine, Gadamer, Derrida*, Milano, Bompiani, 1995.

JACQUES DERRIDA, *Le monolinguisme de l'autre*, Paris, Galilée, 1996; trad. it. di G. BERTO, *Il monolinguismo dell'altro*, Milano, Raffaello Cortina, 2004.

CARMINE DI MARTINO, *Il problema della traduzione, a partire da Jacques Derrida*, rivista on-line "Doctor virtualis", n. 7, 2007.

MICHEL FOUCAULT, *L'ordre du discours*, 1970; trad. it. di A. FONTANA, *L'ordine del discorso*, Torino, Einaudi 1972.

SIGMUND FREUD, *Das unheimliche*, 1919; trad. it. di S. DANIELE, *Il Perturbante*, CESARE L. MUSATTI (a cura di), Roma, Ed. Theoria, 1984.

SIGMUND FREUD, *Jenseits des Lustprinzips* , 1920; trad. it. di ALDO DURANTE, *Al di là del principio del principio* (a cura di A. CIVITA), Milano, Bruno Mondadori, 2003.

GIOVANNI FORNERO, *Protagonisti e testi della filosofia*, Torino, Paravia, 2000.

FREDRIC JAMESON, *Postmodernism, or the logic culture of late capitalism*, Duke University Press, 1992; trad. it. di M. MANGANELLI, *Il postmoderno e la logica culturale del tardo capitalismo*, Roma, Le terre, 2007.

JEAN FRANÇOIS LYOTARD, *La condition postmoderne*, Minuit, Paris, 1979, trad. it. di C. FORMENTI, *La condizione postmoderna. Rapporto sul sapere*, Milano, Feltrinelli, 1981.

JEAN-LUC NANCY, *À l'écoute*, Galilée, Paris, 2002; trad. it. ENRICA LISCIANI PETRINI (a cura di) *All'ascolto*, Raffaello Cortina Editore, Milano, 2004.

GABRIELE PIANA, *Le scritture del fuori. Tracciati sul pensiero francese contemporaneo*, Milano, Mimesis, 2001.

SITOGRAFIA

www.glispietati.it
www.mymovies.it
www.bimfilm.com/inlandempire
www.youtube.com
www.lynchnet.com
www.geocities.com
http://en.wikipedia.org
http://lynchtown.com
www.davidlynch.de
www.salon.com
www.imdb.com
www.thepsychologist.org.uk
http://davidlynch.forumcommunity.net
www.bezgranic.net
www.atlasszuki.com